インドネシアの基礎知識・目次

1 インドネシアはどんな国か――005
世界最大の島国――006
二億人を超える大人口――009
一つの民族と多様な種族――013
「インドネシア」の語源と成り立ち――019
国語が支える国の統一――021

2 自然と地理――025
「火の輪」が作った火山列島――026
赤道直下の熱帯性気候――032
三つの時間帯――034

3 歴史――037
原始時代のインドネシア――038
仏教・ヒンドゥー諸王国の時代――039
イスラームの浸透と拡大――045
植民地化とオランダ領東インド――048
インドネシア共和国の成立と発展――052

4 政治と行政――独立戦争期から最近まで――057
スカルノ時代のインドネシア――058
スハルト時代のインドネシア――061
民主化（レフォルマシ）時代のインドネシア――066
地方自治の強化と発展――071
ユドヨノ政権からジョコ・ウィドド政権へ――072

5 経済と産業――077
経済成長の軌跡――078
所得の上昇と中進国への転換――080
産業構造の変化――082
農林水産業、鉱業、製造工業の細目――085
直接投資の推移――092
外国貿易――094

6 対外関係――109
オランダ支配からの脱却と対米関係――110
非同盟政策と「自主・積極」外交――114

対日関係――117
中国などとの関係――123
ベトナム、韓国・北朝鮮との関係――126
ASEAN諸国などとの関係――128

7 社会と宗教――133

人名から見える社会構造――134
華人系インドネシア人――139
インド系・アラブ系インドネシア人――142
「唯一神」原則と複数の公認宗教――143
（1）イスラーム
「唯一神」原則と複数の公認宗教――147
（2）イスラーム以外の五宗教
各地に残る王宮と王族――153

8 地域の横顔――157

ジャワ――158
スマトラ――164
カリマンタン――172
バリとヌサテンガラ――177
スラウェシ――183
マルク諸島とパプア――188

9 二人の正副大統領たち――197

スカルノ――198
M・ハッタ――198
スハルト――199
ハムンクブウォノ九世――199
アダム・マリク――200
B・J・ハビビ――200
A・ワヒド――201
メガワティ――201
S・B・ユドヨノ――202
ジョコ・ウィドド――202
ユスフ・カラ――203
あとがき――204
インターネット出典写真一覧――209
文献案内――212
索引――226

1　インドネシアはどんな国か

インドネシアは大きい国だ。国土面積は一九二万平方キロメートルで日本の約五倍、これは世界に現存する一九六ヵ国のうち、一四番目に大きい。そして、二億五〇〇〇万人もの人口を抱えるインドネシアは、中国、インド、アメリカに次ぐ第四の人口大国である。

世界最大の島国

インドネシアは大きい国だ。国土面積は一九一万平方キロメートルで日本の約五倍、これは世界に現存する一九六ヵ国（二〇一五年四月現在）のうち、一四番目に大きい。だが、そのうち五大陸に国土を持たない島国（四三ヵ国、独立国ではないグリーンランドなどを含まず）だけを取り出すと、国土面積で見ても人口で見ても、インドネシアが断然世界一である（表1-1）。公表されている島の数で見ても、インドネシアは一万三四六六の島（二〇一三年の改定値）から成り、フィリピン（七一〇九島）、日本（六八五二島）を大きく上回る世界最多の群島国家だ。

面積の大きい順にインドネシアの主な島を挙げると、パプア（英語ではニューギニア。総面積八〇・九万平方キロメートルのうち四一・六万平方キロがインドネシア領）、カリマンタン（英語ではボルネオ。総面積七四・六万平方キロのうち五四・四万平方キロがインドネシア領）、スマトラ（四七・四万平方キロ）、スラウェシ（英語ではセレベス。一八・九万平方キロ）、ジャワ（一二・七万平方キロ）の順になる。これらはそれぞ

表1-1　世界の十大島嶼国家

面積順			
順位	国名	面積（1,000 km²）	島の数
1	インドネシア	1,914	13,466
2	マダガスカル	587	
3	パプアニューギニア	462	
4	日本	378	6,852
5	フィリピン	299	7,109
6	ニュージーランド	275	
7	英国	243	
8	アイスランド	103	
9	アイルランド	70	
10	スリランカ	66	

人口順（2015年）			
順位	国名	人口（100万人）	人口密度（人／km²）
1	インドネシア	249.0	132
2	日本	127.1	336
3	フィリピン	92.3	309
4	英国	61.8	254
5	マダガスカル	23.6	40
6	スリランカ	20.5	311
7	ハイチ	10.5	375
8	ドミニカ	10.4	217
9	パプアニューギニア	7.3	16
10	シンガポール	5.4	7,714

れ、世界の島々の中でも面積の順位で、第二、三、六、一一、一三位の位置を占める（表1－2）。

インドネシアの島々は、赤道をはさんで北緯六度と南緯一一度、西は東経九五度から東は東経一四一度の範囲内に位置している。国土の西北の隅には、スマトラ島最北端の沖合にサバン島、東南の隅にはパプア島のムラウケの町がある（図1－A）。

「サバンからムラウケまで」（Dari Sabang sampai Merauke）はインドネシアの国土の広さを表す決まり文句で、同じタイトルの愛国唱歌まで作られている。この二つの場所の間の大圏コースによる距離は、ほぼ五二〇〇キロに及ぶ。これは、東京からシンガポールまでの距離（やはり大圏コースで約五三〇〇キロ）に匹敵し、宗谷岬から与那国島までの日本列島の全長約二九〇〇キロの一・八倍もある。また、地球上の他の二地点間の距離（概算）と比べると、北京－ニューデリー（三八〇〇キロ）、ロンドン－テヘラン（四四〇〇キロ）、ニューヨーク－サンフランシスコ（四一〇〇キロ）のどれよりもずっと長い（表1－3）。陸地の面積だけでなく海域まで含めた場合、インドネシアの領域がいかに広いかがよく分かる。

表1-2　世界の主な島々（面積順）

順位	島の名	所属国	面積（万km²）
1	グリーンランド	デンマーク	217.6
2	パプア（ニューギニア）	インドネシア、パプアニューギニア	80.9
3	カリマンタン（ボルネオ）	インドネシア、マレーシア、ブルネイ	74.6
4	マダガスカル	マダガスカル	58.7
5	バフィン	カナダ	50.7
6	スマトラ	インドネシア	47.4
7	本州	日本	22.8
8	グレートブリテン	イギリス	22.0
9	ビクトリア	カナダ	21.7
10	エルズミーア	カナダ	19.6
11	スラウェシ（セレベス）	インドネシア	18.9
12	ニュージーランド南島	ニュージーランド	15.1
13	ジャワ	インドネシア	12.7

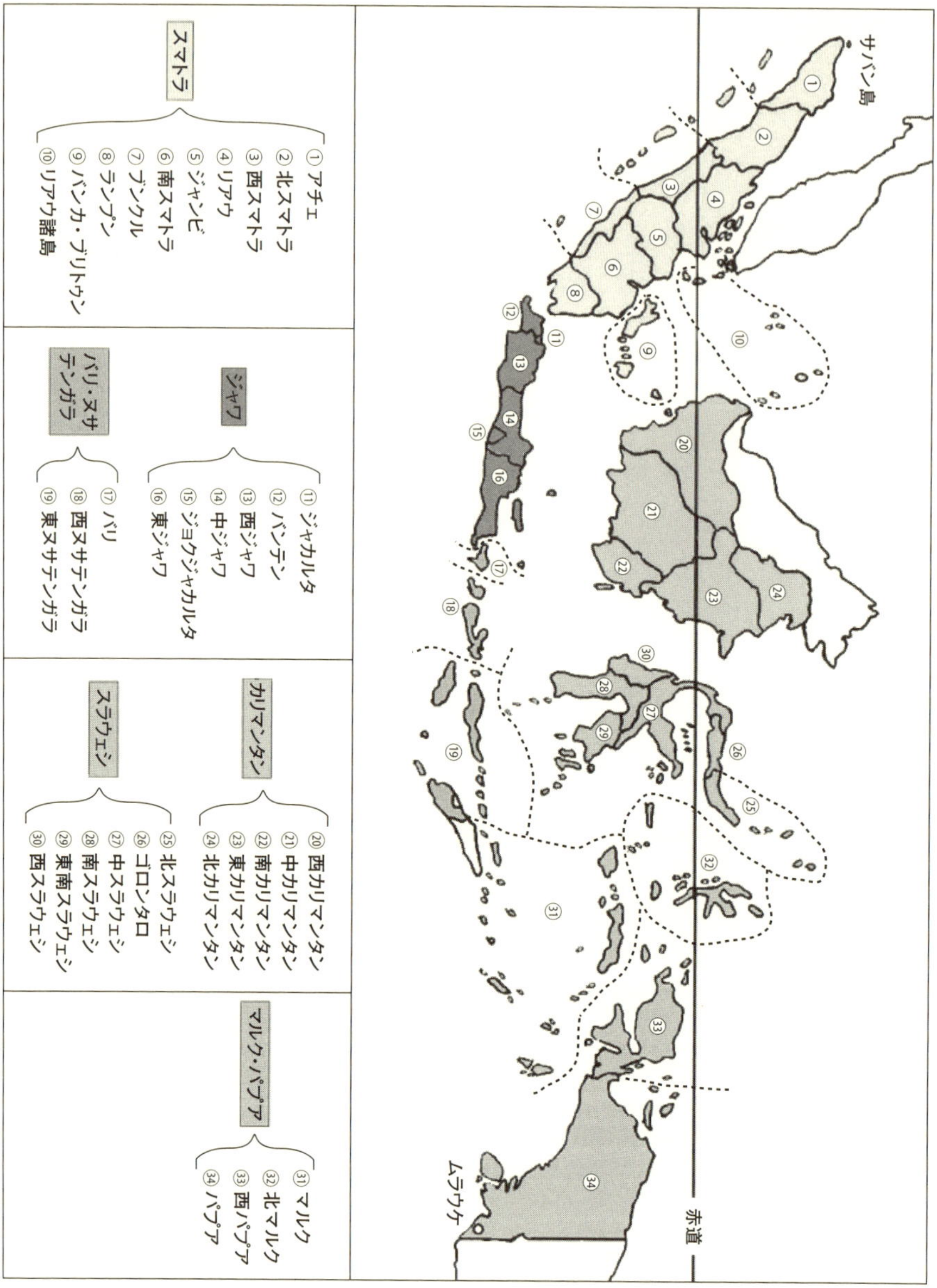

図1-A インドネシアの地域・州区分

表1-3　大圏コースの距離比較

A地点	経度	緯度	B地点	経度	緯度	およその距離（km）
サバン	95.23	5.92	ムラウケ	140.40	−8.50	5,200
宗谷岬	141.94	45.52	与那国島	122.93	24.45	2,900
東京	139.75	35.69	マニラ	120.98	14.60	3,000
東京	139.75	35.69	シンガポール	103.86	1.29	5,300
北京	116.42	39.90	ニューデリー	77.21	28.60	3,800
ニューヨーク	−74.01	40.71	サンフランシスコ	−122.42	37.77	4,100
ロンドン	−0.12	51.51	テヘラン	51.38	35.68	4,400

（注）経度、緯度のマイナス記号は、それぞれ西経、南緯を示す。

二億人を超える大人口

二〇一五年の時点で人口が一億人を超える国は世界に一一あるが（表1－4）、二億五〇〇〇万人もの人口を抱えるインドネシアはその中でも、中国、インド、アメリカに次ぐ第四の人口大国である。現在、インドネシアの人口は日本のほぼ二倍に達しているが、第二次大戦以前は日本よりも人口が少なかった（表1－5）。インドネシアの人口が日本を抜いたのは、おそらく一九五〇年代の後半だったと考えられる。一九五〇～七〇年代は、世界

表1-4　人口1億人以上の国々（2015年）

順位	国名	人口（100万人）
1	中国	1,376
2	インド	1,211
3	アメリカ	309
4	インドネシア	249
5	ブラジル	198
6	パキスタン	184
7	ナイジェリア	174
8	バングラデシュ	153
9	ロシア	143
10	日本	127
11	メキシコ	122

表1-5　インドネシアと日本の人口推移

総人口			
インドネシア		日　本	
年	万人	年	万人
1930	6,073	1930	6,445
1961	9,709	1960	9,430
1971	11,921	1970	10,467
1980	14,749	1980	11,706
1990	17,938	1990	12,361
2000	20,513	2000	12,693
2010	23,764	2010	12,807

年平均人口増加率			
インドネシア		日　本	
期間	%	期間	%
1930-1961	1.53	1930-1960	1.27
1961-1971	2.07	1960-1970	1.04
1971-1980	2.40	1970-1980	1.13
1980-1990	1.98	1980-1990	0.55
1990-2000	1.34	1990-2000	0.28
2000-2010	1.48	2000-2010	0.09

（出典）各年の人口センサス（国勢調査）集計値から計算

中で発展途上国の人口増加率が上昇した「人口爆発」の時期で、インドネシアの年平均人口増加率も高かった。一九八〇年代からインドネシアの人口増加率は徐々に下がりだすが、日本の人口増加率低下はそれよりもさらに著しかったから、両国の人口差は開く一方になった。

　このような人口動態の違いは、両国の年齢階層別人口ピラミッドの相違にも反映されている。図1－Bが示しているように、二〇一四年における日本の年齢別人口構成は四〇歳前後と六〇歳台にピークが見られるのに比べて、インドネシアでは一〇歳台がピークになっている。人口増加率の低下傾向にもかかわらず、インドネシアの人々の平均年齢は日本に比べてまだまだ若いのである。

　インドネシアの人口の地理的分布に見られる目立った特徴は、国土面積に占める比率では七％に満たないジャワ島への圧倒的な人口集中だ。表1－6にジャワとそれ以外の地域（日本では、英語のOuter Islandsの訳語である「外島」という呼び名が定着しているので、ここでもそれに従う）の人口の推移を示した。一九三〇年にオランダの植民地支配下で最初の全国人口センサス調査が行なわれたとき、総人口の七割近くがジャワに住んでいた。独立後は、外島の人口増加率がジャワを上回っているために両者の人口格差は徐々に縮まっているが、それでも二〇一〇年の時点で総人口の六割近くがジャワに集中している。

　二〇一六年初めの時点で、インドネシアには全部で三四の州（*provinsi*）が存在する。州より大きい地方行政区分はないが、統計上の大地域区分として、①スマトラ、

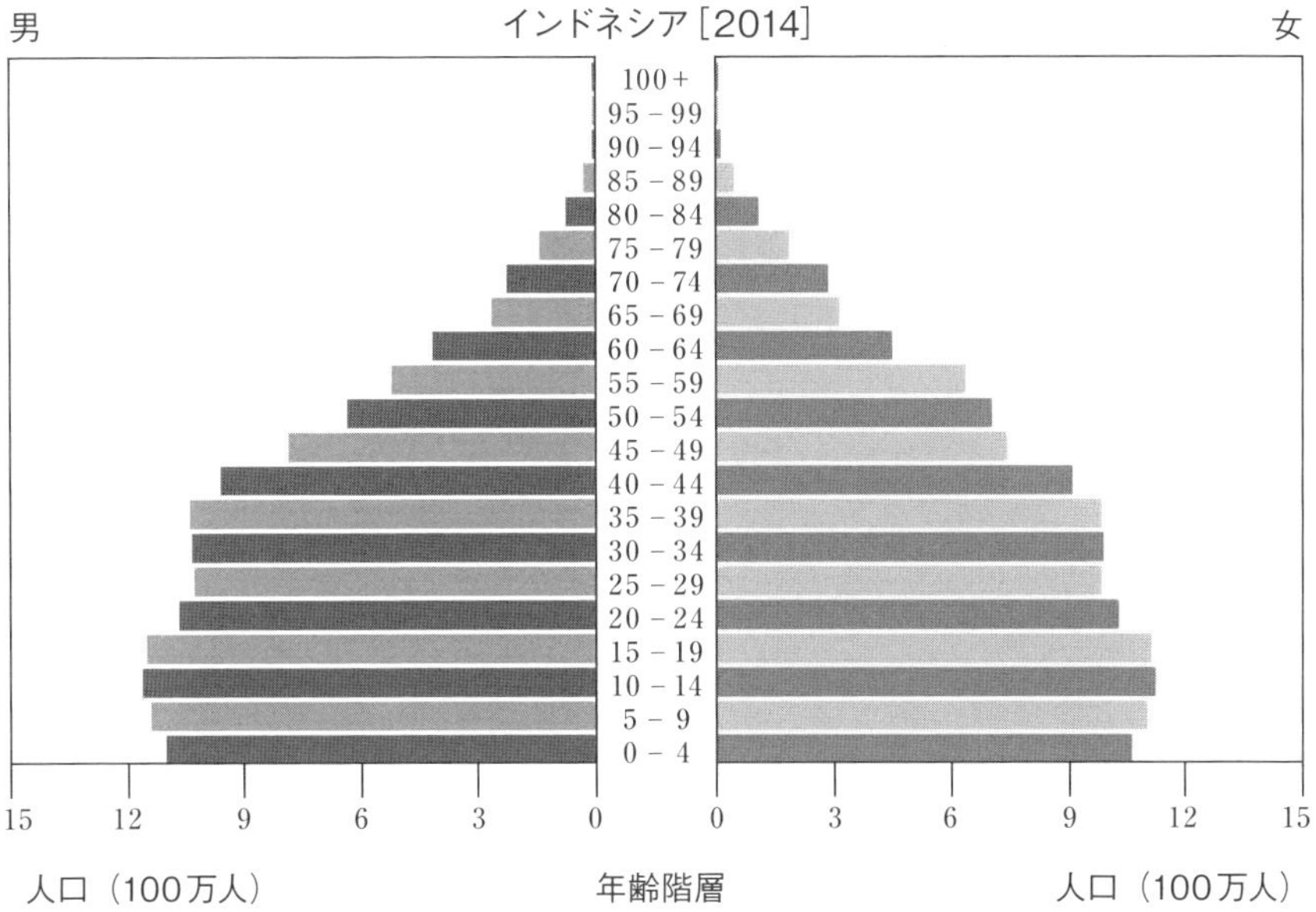

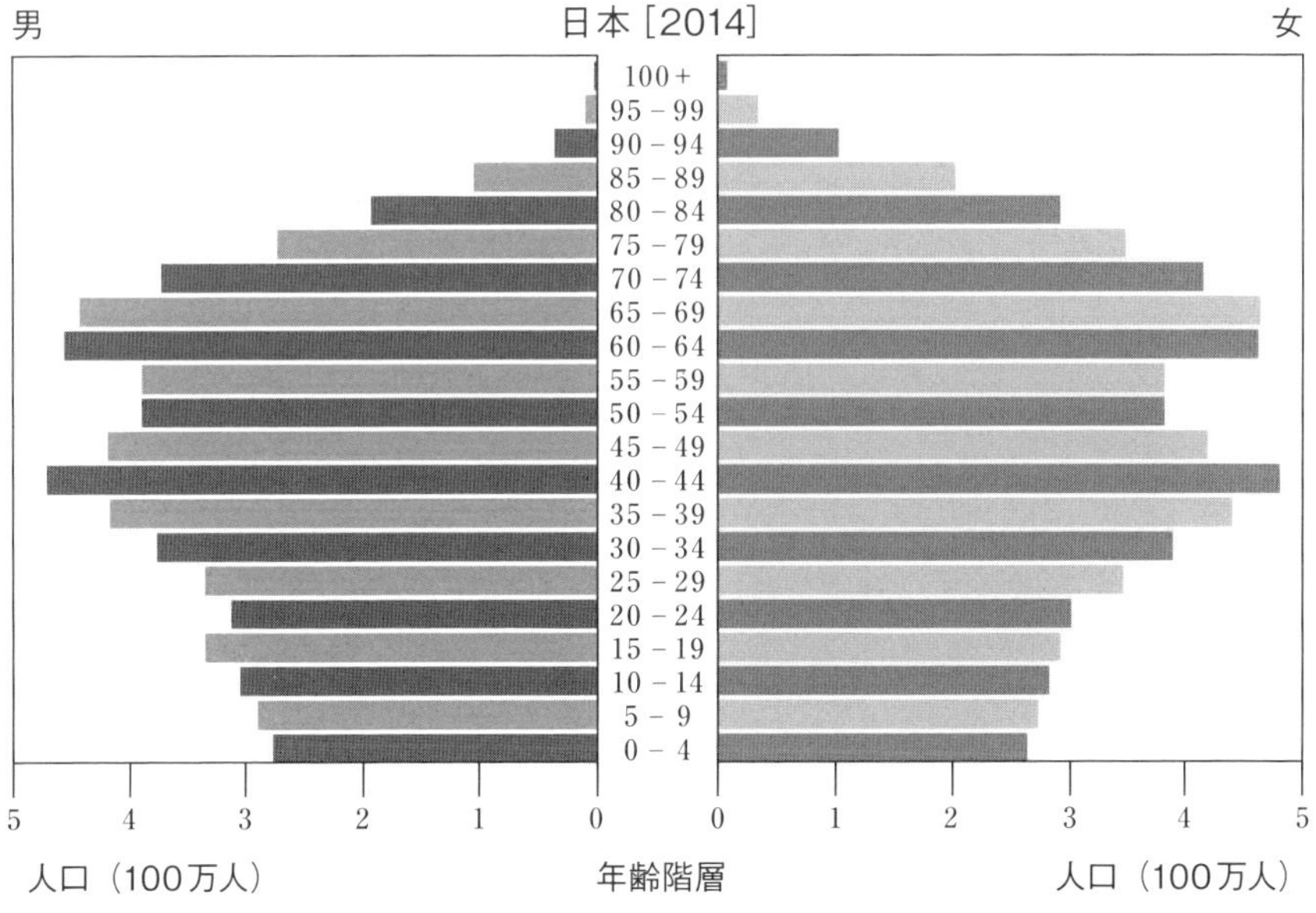

図1-B　インドネシアと日本の人口ピラミッド（2014年）　　（出典）CIA World Factbook（2015年6月30日更新）

表1-6　ジャワと外島の人口推移

年	万人			%	
	全国	ジャワ	外島	ジャワ	外島
1930	6,073	4,172	1,901	68.7	31.3
1961	9,709	6,306	3,403	65.0	35.0
1971	11,921	7,609	4,312	63.8	36.2
1980	14,749	9,127	5,622	61.9	38.1
1990	17,938	10,758	7,180	60.0	40.0
2000	20,513	12,129	8,384	59.1	40.9
2010	23,764	13,661	10,103	57.5	42.5

（出典）各年の人口センサス集計値

②ジャワ、③バリおよびヌサテンガラ、④カリマンタン、⑤スラウェシ、⑥マルクおよびパプアの六地域区分がよく使われている（図1－A）。この区分にしたがって、二〇一〇年人口センサスによる人口分布を示したのが表1－7である。ジャワの人口密度は一平方キロメートルあたり一〇〇〇人を超えている（写真1－1）。これは表1－2に掲げた世界の一三の島々の中でも群を抜いて高い数値だ（二番目に人口が稠密な本州でも、同じ年の一平方キロメートルあたり人口密度は四五二人でジャワの半分以下である）。

これに比べて外島五地域の人口密度は格段に低い。しかし、その中でも一平方キロメートルあたり人口密度が一〇〇人を超すスマトラ、バリ・ヌサテンガラと、三〇人に満たないカリマンタン、マルク・パプアのように大きな格差がある。スマトラは日本全土よりも面積が広い大きな島だが、その人口密度は日本の北海道（一平方キロメートルあたり六五人）よりも高い。実際に現地を旅しても感じることだが、近年熱帯林の伐開が急速に進んだスマトラの森林面積比率は北海道よりずっと低いだろう。スマトラで絶滅危惧種に指定されている虎に遭遇する機会は、北海道の山野でヒグマに出会う、また最近では本州でツキノワグマに出会う機会よりも今や格段に少ないのである。

表1-7　6大地域の人口・面積・人口密度(2010年)

地域	人口（万人）	面積（万km²）	人口密度（人／km²）
スマトラ	5,063	48.1	105
ジャワ	13,661	12.9	1,055
バリ・ヌサテンガラ	1,307	7.3	179
カリマンタン	1,379	54.4	25
スラウェシ	1,737	18.9	92
マルク・パプア	617	49.5	12
全国計	23,764	191.1	124

（注）各地域の面積には周囲の小さな島々が含まれるので、本文で記した面積とは一致しない。

また、統計上は人口密度が極端に低いマルク・パプアのような地域にも、マルク州の州都があるアンボン島（二〇一〇年の人口四〇万一〇〇〇人、一平方キロメートルあたり五六九人）、北マルク州の州都があるテルナテ島（同年の人口一七万二〇〇〇人、一平方キロメートルあたり一五四四人）のように、局所的には小さくても人口が密集する島々が点在していることも見落とせない。

写真1-1　インドネシアは子だくさん（中部ジャワの小学校で）

一つの民族と多様な種族

「民族」あるいは「民族集団」（ethnic group）を意味するインドネシア語には、バンサ（*bangsa*）とスク・バンサ（*suku bangsa*）の二つがある。このうちバンサは、もともと「種類」「種属」を意味する言葉だが、現在のインドネシアでは、単一の国民を形成する人々のまとまりを指す語として使われている。これに対して、スク・バンサの「スク」はもともと動物の「四肢」を示す言葉で、そこから転じて単一のものを構成する複数の各「部位」や「部品」を意味するようになった。つまりスク・バンサとは、一つのバンサを構成する、より小さい数多くのまとまりを指す。そこで本書では、バンサに「民族」、スク・バンサに「種族」の訳語を当てて話を進める。

国民を形成するバンサ・インドネシアつまり「インドネシア民族」が単一のまとまりである理由は、あとで述べるように「一つの国土」と「一つの国語」つまりインドネシア語の存在と、それを絆とする人々のつながりによって説明されている。

図1-C　インドネシアの国章「ガルーダ・パンチャシラ」

　これに対して、スク・バンサつまり「種族」のまとまりを形づくるとされるのは、国語とは別に数多く用いられている地方語と、各地方に固有の慣習（アダット：*adat*）の存在である。多数の異なる種族の共存と連帯を意味する「多様性の中の統一」（英語訳はUnity in Diversity）は、インドネシア国民の標語ともなっている。なお、インドネシア語では「多様性の中の統一」を、古代インドのサンスクリット語が起源のビネカ・トゥンガル・イカ（*Bhinneka Tunggal Ika*：「多彩なものが一つにまとまる」の意）という成句で表現するが、それはインドネシア共和国の国章「ガルーダ・パンチャシラ」にも明記されている（図1-C）。

　さてインドネシアには、全部で三〇〇を超える種族が存在すると普通言われているが、種族の識別と計上のしかたに厳密な客観的一義的基準があるわけではない。ちなみに、インターネット上のインドネシア語版Wikipediaにおける「インドネシアの種族一覧表」（*Daftar suku bangsa di Indonesia*）のページでは、アルファベット順に一五〇種類に近い種族の名称を列挙し、さらにそのうちバタック（Batak）、ダヤック（Dayak）、ムラユ（Melayu）、ミナハサ（Minahasa）、パプア（Papua）などの種族について、合計一二〇種類近いサブグループの名前を挙げている（http://id.wikipedia.org/wiki/Daftar_suku_bangsa_di_Indonesia. 2014年11月8日に最終更新）。

　また、ジャカルタにあるインドネシア国立博物館の民族学展示室には、合計二〇〇種類近い種族の地理的分布を示した大きな地図が掲げられている。この地図を見る

表1-8　2010年人口センサスによる主要種族の人口と分布

種族名	人口（万人）	人口比（%）	主な集住地域（筆者の補足説明）
ジャワ（Jawa）	9,522	40.22	中部ジャワ、東部ジャワ、ランプン
スンダ（Sunda）	3,670	15.50	西部ジャワ
バタック（Batak）*	847	3.58	北スマトラ
マドゥラ（Madura）	718	3.03	東部ジャワ（マドゥラ島とその対岸）
ブタウィ（Betawi）	681	2.88	ジャカルタ
ミナンカバウ（Minangkabau）	646	2.73	西スマトラ
ブギス（Bugis）	636	2.69	南スラウェシ
ムラユ（Melayu）	537	2.27	スマトラ東海岸、西カリマンタン
バンテン（Banten）*	466	1.97	西部ジャワ（バンテン州）
バンジャル（Banjar）	413	1.74	南カリマンタン、中カリマンタン
アチェ（Aceh）**	409	1.73	アチェ特別自治州（スマトラ北端）
バリ（Bali）	395	1.67	バリ島、ロンボク島西部
ササック（Sasak）	317	1.34	ロンボク島中・東部
ダヤック（Dayak）*	301	1.27	カリマンタン島内陸部
華人（Tionghoa）*	283	1.20	全国各地の都市部
マカッサル（Makassar）	267	1.13	南スラウェシ
チルボン（Cirebon）*	188	0.79	西部ジャワ東北端
ゴロンタロ（Gorontalo）	125	0.53	スラウェシ島北部（ゴロンタロ州）
ミナハサ（Minahasa）	124	0.52	スラウェシ島北部（北スラウェシ州）

＊本文の説明を参照。また中央統計庁（BPS）による「華人」のインドネシア語表記は、Cina になっている。
＊＊アチェ族の他に、ガヨ、アラスなどアチェ特別自治州に住む少数種族を含む。

（出典）http://www.bps.go.id/website/pdf_publikasi/watermark%20_Kewarganegaraan,%20Suku%20Bangsa,%20Agama%20dan%20Bahasa_281211.pdf

と、前節で述べた六大地域の中で種族数が最も多いのは、人口では最小のマルク・パプア（七〇種族あまり）、次いでスラウェシ（四〇種族）、スマトラ（三五種族）、バリ・ヌサテンガラ（二六種族）の順になっている。他方、人口が最多のジャワに記入されている種族数は最少である。

　主な種族別の人口については、二〇一〇年人口センサスに記録がある。表1―8はそのデータにより、主な種族についてそれぞれの人口数を示したものだ。また、特に人口が多い有力種族に限りその地理的分布を示したのが図1―Dである。中でも人数が断然多いのは、総人口の四割を占めるジャワ族である。ジャワ族の元来の出身地は中・東部ジャワで、中部ジャワ（中ジャワ州とジョクジャカルタ特別州）では人口の九五％以上、

図1-D　主な種族の分布（人口の大きいグループのみ）

東ジャワ州でも八割近くをジャワ族が占めている。しかしそれ以外にも、全国各地にジャワ族の移住者およびその子孫がいて、スマトラ南端のランプン州では人口の六割以上、北スマトラ、リアウ、ジャンビ、南スマトラの各州では二五％以上、また東カリマンタン州でも人口の約三割をジャワ族が占めている。首都のジャカルタでも人口のほぼ三分の一がジャワ族である（以下、州別の人口比については、二〇〇〇年人口センサスのデータを参照した）。

ジャワ族に次いで人口が多いのは、西部ジャワが出身地のスンダ族だ。全国人口の一六％近くを占め、西ジャワ州では住民の七割以上、ジャカルタでも一五％余りを占めている。以下、北スマトラが出身地のバタック族、東ジャワが出身地のマドゥラ族、ジャカルタとその周辺に住むブタウィ族、西スマトラが出身地のミナンカバウ族、南スラウェシが出身地のブギス族、スマトラ東海岸とカリマンタンの沿海部に住むムラユ族などが、いずれも総人口の二〜四％を占めて、これに続いている。

このうちバタック族と、カリマンタンの内陸部に広く居住するダヤック族（総人口の一・三％）は、実際にはさらに複数の小種族から成る集団の総称で、バタック族はトバ、カロ、マンダイリンなど六つの、ダヤック族はプナン、イバン、ンガジュ、マアニャン、ケニャーなど数十ものグループに細分される。また表1－8でバンテン族、チルボン族とされているのは、実際にはそれぞれ独自の歴史的背景を持つスンダ族とジャワ族の分派である。

また同じ表1－8で華人の人口は統計上総人口の一・二％となっているが、実際には三％前後の人口比を占めており、絶対数ではおそらく七〇〇万人を超えると推定されている。ちなみに現在（二〇一六年）の大統領ジョコ・ウィドド（略称ジョコウィ）は中ジャワ出身のジャワ族、副大統領ユスフ・カラは南スラウェシ出身のブギス族、ジャカルタ首都特別州知事バスキ・チャハヤ・プルナマはスマトラ対岸のバンカ・ブリトゥン州生まれの華人（客家系）である。

なお、各種族は固有の「地方語」を持つと述べたが、それは共通の国語であるインドネシア語の単なる「方言」ではない。大半が同一の語族（インド・ヨーロッパ語族）に属するとはいえ、ヨーロッパの国々の言葉が、英、仏、独語など別個の言語を形成しているのと同じように、インドネシアの地方語の大半も同じ語族（オーストロネシア語族）に属する異なる言語を成している。例えば、人口数の最も多いジャワ族の地方語（ジャワ語）は、少なくともドイツ語が英語と異なるのと同じくらいにインドネシア語とは違いの大きい言語である。本書は語学の専門書ではないから詳細は避けるが、表1－9にインドネシア語とジャワ語の語句の違いの片鱗を示しておく。

ジャワ族に限らず、大多数のインドネシア人は、家族や身内同士の会話では地方語を、公的な場や違う種族同士のやりとりではインドネシア語を用いる二言語使用者（バイリンガル）である。ただし、これには例外もある。種族の異なる男女が結婚して家庭を設けた場合、その家庭内の日常語がどちらかの地方語ではなくインドネシア語になることは珍しくない。その場合、子どもはもっぱらインドネシア語だけを話すモノリンガルとして育つことも少なくないのである。

表1-9　インドネシア語とジャワ語の比較（例示）

	インドネシア語	ジャワ語
おはよう	Selamat pagi.	Sugeng enjing.
どちらへお出かけ？	Mau ke mana?	Arep nyang ngendi?（普通語）
		Badhe tindak pundi?（敬語）
ありがとう	Terima kasih.	Matur nuwun.
数詞の1	satu	siji　（普通語）
		setunggal　（敬語）
〃　2	dua	loro　（普通語）
		kalih　（敬語）
〃　3	tiga	telu　（普通語）
		tiga　（敬語）

「インドネシア」の語源と成り立ち

「3歴史」で述べるように、インドネシア共和国という国家がこの世に出現したのは、一九四五年八月一七日の独立宣言とその後に続く対オランダ独立戦争を通じてだった。では、それに先立ち「インドネシア」という国名とそれを誕生させようという人々の意志が生まれたのは、いつどのようにだったのか。

現存するインドネシア共和国の領土に近い地理的範囲に支配力を及ぼしたことのある国家としては、一四世紀に東部ジャワを中心に栄えたマジャパヒト王国が挙げられる。紅白二色から成るインドネシアの国旗も、マジャパヒトの軍旗を模したものである。だが、マジャパヒトは境界が明確な領土と国籍を備えた近代的主権国家ではなかった。またもちろん、その当時に「インドネシア」という言葉と観念があったわけではない。

島を意味するギリシャ語の「ネソス」に由来する「ネシア」という語を「インド」の後に付けた「インドネシア」という新語の創造は、一九世紀の半ば、イギリス人によってであった。ペナン、シンガポール、バタビア（現ジャカルタ）など、マラッカ海峡周辺の港町に出入りしていた船乗り兼商人で、当時英語ではインド諸島（the Indian Archipelago）と呼ばれていた島々の探検家でもあったG・W・アール（George Windsor Earl. 一八一三〜六五年）が一八五〇年刊行の論文で、これらの島々の住民を「インドゥネシアン」（Indu-nesians）と名付けたのが、この起こりであった（https://en.wikipedia.org/wiki/George_Windsor_Earl. 2016年1月13日参照）。アールのこの新造語を「インドネシア」という地名に言い換えて世に出したのは、彼の年下の友人でシンガポールやペナンに住んだ法律家兼博物学者のJ・R・ローガン（James Richardson Logan. 一八一九〜六九年）である（https://en.wikipedia.org/wiki/James_Richardson_Logan. 2016年1月13日参照）。ローガンが「インドネシア」という語で提示したのは、今のインドネシア、マレーシアとその周辺地域を広く包含する「インド・太平洋諸島」を指す地理的概念であった。

この用語は一九世紀末から二〇世紀初めにかけてヨーロッパの学者たちのあいだで徐々に広がっていったが、ローガンと類似の（国境で区切られることのない）地理的・

写真1-2 第2回青年会議に集まった人々

文化的概念として使われていた。ところが、一九一〇年代の後半に当時の「オランダ領東インド」（Nederlandsch Oost-Indië。英語ではDutch East Indies）でナショナリズムの運動が台頭し始めると、運動の担い手たちによって「東インド」に代わり「インドネシア」が彼らの祖国を示す言葉として使われるようになっていった。この動きがハイライトを迎えるのは、一九二八年の「青年の誓い」（*Sumpah Pemuda*）である。この年の一〇月二八日、バタビアで開かれた「第二回青年会議」のために（パプアを除く）オランダ領東インドの全国から集まった様々な種族（華人やアラブ人を含む）の青年男女代表が、「一つの国土、一つの民族、一つの言語」としてのインドネシアを決議したときであった（写真1－2）。以下は今のインドネシア語の綴りで記した決議文とその翻訳である。

Pertama: Kami putra dan putri Indonesia, mengaku bertumpah darah yang satu, tanah Indonesia.（第一。我らインドネシア青年男女は、インドネシアという祖国を一つにすることを認める）

Kedua: Kami putra dan putri Indonesia, mengaku

berbangsa yang satu, bangsa Indonesia.（第二。我らインドネシア青年男女は、一つのインドネシア民族であることを認める）

Ketiga: Kami putra dan putri Indonesia, menjunjung bahasa persatuan, bahasa Indonesia.（第三。我らインドネシア青年男女は、統一言語としてのインドネシア語を尊重する）

これと軌を一にして、植民地支配をはねのけて「インドネシア共和国」という新国家を創造しようという政治的意志と運動も台頭してくるが、これについては「3歴史」で述べる。

国語が支える国の統一

「青年の誓い」で民族の「統一言語」としての地位を認められた「インドネシア語」とは、当時の英領マラヤ（現マレーシア）を含むマラッカ海峡沿岸地域に居住するムラユ族の言語（*bahasa Melayu.* 英語ではMalayつまりマレー語）を母体とする、東インド地域全体の共通語であった。ムラユ語は言語の構造や発音が簡明なために、古い時代から主に商業用の共通語（リンガフランカ）として、島嶼部東南アジアの広い地域で用いられてきた。そして、インドネシア共和国の独立とともにそれは国語（*bahasa nasional*）としての地位を与えられ、学校教育、マスメディア、文学、歌謡などを通じて、また政治・行政などの公式用語として全国に普及していった。

既に表1－8で示したように、実はムラユ語を母語とする種族の、インドネシアにおける人口はけっして多くはない。話者数が最も多い地方語（*bahasa daerah*）はジャワ語であり、ムラユ語ではないのだ。だがジャワ語は、発音や文法がムラユ語よりもやや複雑な上に、著しく発達した敬語のシステムを持ち、ジャワ族以外の人々にとっては習得が難しい。そのため、ジャワ族自身のあいだでさえ、ジャワ語を国語にしようという主張と運動は起きたためしがない。比較的少数の種族の、構造がシンプルな地方語を国語の母体に採用したことは、インドネシアの国家的統一に計り知れない効果をもたらした。他のアジア・アフリカの国々でしばしば見られるように、多数派民族集団の言語を国語とすることへの抵抗やあつれきが生じる余地がないからだ。

ムラユ語はまた、隣国のマレーシア、ブルネイでも国語の地位を与えられている。また華人系人口が七割を超えるシンガポールでも、憲法上の国語はムラユ（マレー）語である。同じ言語が母体であるから、これら隣国で用いられるムラユ語とインドネシア語は共通点が多く、たいていの場合は意思疎通が可能だ。しかし、マレーシアやブルネイと違い、インドネシア人が自らの国語を「ムラユ語」と称することはない。母体はムラユ語でも、国語として独自の発展をとげたインドネシア語は、スマトラやカリマンタンの一部で用いられる地方語としてのムラユ語とは既に別物になっているからである。

その上、インドネシア語とマレーシア、ブルネイ、シンガポールのムラユ語のあいだには、実はかなり大きな語彙、語法の違いが見られる（あるイギリス人の研究者が記すところによれば、両者の違いは英語と米語の差よりも大きい）。そのために起きる誤解やトラブルについては、たくさんの笑い話があるほどだ。筆者自身がはじめ面食らった実例を挙げよう。

マレーシアの街頭で買ったムラユ語の新聞の見出しに *Kerajaan Indonesia* という語が大きく印刷されていた。*kerajaan*（クラジャアン）は *raja*（ラジャ、王）の派生語でマレーシアでは「政府」の意味で使われる。つまり「インドネシア政府」という意味なのだが、インドネシア語の *kerajaan* には「王国」という意味しかない。そして、もちろんインドネシアは「王国」ではなく「共和国」（*republik*）だ！

もう一つ。クアラルンプルで大学のキャンパスを訪れたら *Tempat letak kereta kaki tangan* という看板が目に付いた。マレーシアでは *tempat letak kereta* は「自動車駐車場」、*kaki tangan* は「職員」のことだから「職員専用駐車場」のことだが、インドネシア語の場合、*tempat*

表1-10　インドネシア語の能力による5歳以上人口の区分　(2010年人口センサス)

地域・州	インドネシア語が できる (万人)	インドネシア語が できない (万人)	質問せず (万人)	計 (万人)	インドネシア語が できる (%)	インドネシア語が できない (%)	質問せず (%)
ジャワ							
バンテン	912.3	41.3	4.6	958.2	95.21	4.31	0.48
ジャカルタ	868.2	0.6	9.0	877.8	98.91	0.07	1.03
西ジャワ	3,654.9	232.0	6.0	3,892.9	93.89	5.96	0.15
中ジャワ	2,692.3	266.4	8.4	2,967.1	90.74	8.98	0.28
ジョクジャカルタ	293.8	25.8	0.4	320.1	91.79	8.08	0.13
東ジャワ	2,992.5	436.3	26.5	3,455.3	86.61	12.63	0.77
外島(事例)							
北スマトラ	1,102.8	45.3	5.1	1,153.2	95.64	3.92	0.44
西カリマンタン	364.8	28.5	1.0	394.4	92.51	7.23	0.26
中スラウェシ	229.6	3.9	1.0	234.6	97.88	1.68	0.44
マルク	131.8	2.1	0.6	134.6	97.95	1.58	0.47
北マルク	88.5	2.3	0.3	91.1	97.21	2.51	0.28
西ヌサテンガラ	330.2	71.3	1.0	402.5	82.03	17.71	0.25
東ヌサテンガラ	359.9	48.0	1.0	408.8	88.02	11.74	0.24
西パプア	65.4	0.6	0.7	66.7	98.07	0.94	0.99
パプア	186.7	60.5	4.8	252.0	74.11	24.01	1.89

(出典) http://sp2010.bps.go.id/index.php/site/index　(2016年1月15日参照)

*letak kereta*は「馬車の置き場」、*kaki tangan*は「敵の手先」「スパイ」の意味だから、同じ言葉が「スパイ用馬車置き場」という奇怪な意味に変わってしまう！

また、マレーシアのムラユ語は英語からの借用語が多いが、インドネシア語はオランダ語からの借用語が多い。例えばタオルは、マレーシアではtowel（英）が語源の*tuala*だが、インドネシアではhanddoek（蘭）が語源の*handuk*で、たがいに全く通じない。

このように、隣国の人々との意思伝達手段としては問題もあるが、インドネシア語が国内の異種族の人々どうしを結ぶのに絶大な役割を果たしてきたことは疑問の余地がない。その普及率は具体的にどのくらいだろうか。**表1－10**は、人口最大のジャワの六州と、外島でも特に多数の種族が割拠する九つの州を取り上げて、二〇一〇年センサスのデータによってインドネシア語の普及率を見たものである。

まずジャワの中では、全国から人々が群れ集まる首都ジャカルタの普及率が群を抜いている。五歳以上の人口で、インドネシア語ができない人は〇・一％にも満たない。その他の州でもインドネシア語のできる人口比率はおおむね九割を超えている。だが、ジャワ族の人口比が圧倒的に高い中・東部ジャワでは、インドネシア語のできない人口が一〇％前後も存在する。同じ村の中の住民はジャワ族ばかりなので、インドネシア語を使う機会が乏しく、学校でも十分習う機会がなかった人が高齢者ではまだかなりいるからだ。また、東部ジャワの場合は、特にマドゥラ族住民の多い地域でこの比率が高い。

外島の場合は、二つの異なる傾向が見られる。中スラウェシ、マルク、北マルク、西パプアといった州には、人口少数の異なる種族がたくさん共存しているが、インドネシア語の普及率は中・東部ジャワよりずっと高い。異種族どうしの接触・交流の機会が多く、インドネシア語を使いこなさなければ生活が成り立たないからである。逆に、東・西ヌサテンガラ両州やパプア州では、インドネシア語のできない人々の比率がかなり高い。ヌサテンガラのように、同じ島の特定地域には同一種族が固まって住んでいる場合や、パプア州の高地のように外部との接触の機会が少ない地域では、インドネシア語の習得・上達の機会が限られるからであろう。

とはいえ、そういう地域でも普及率八割前後を達成しているのは立派な成果と言うべきである。今後も、就学率のいっそうの向上や労働移動の増加によって国語の普及はますます進むと考えて間違いない。

2 自然と地理

　インドネシアには百数十もの火山があり、日本やフィリピンをもしのぐ世界有数の「火山大国」でもある。人類の歴史の記録に残る最大の火山爆発は、一八一五年のスンバワ島におけるタンボラ山の大爆発と言われている。

「火の輪」が作った火山列島

　日本列島を貫いて走る環太平洋造山帯は、図2－Aに示すように太平洋の北西部で衝突している四つの地殻プレート（北米プレート、ユーラシアプレート、太平洋プレート、フィリピン海プレート）の境界線に沿って伸びている。この造山帯は、西側では南西諸島からフィリピンを経て、また東側では伊豆・小笠原諸島からマリアナ諸島を経て、インドネシアのマルク・パプア地域へ達している。

　そのインドネシアの近辺では、ユーラシア、オーストラリア、太平洋、フィリピン海の四つのプレートが衝突しており、それらの境界に沿って造山帯がいくつかに分岐しながら島々を貫通している。インドネシアの国土の中・西部ではスマトラ、ジャワ、ヌサテンガラ（小スンダ諸島）のインド洋岸に沿って造山帯が走り、ベンガル湾を越えて北西のアルプス・ヒマラヤ造山帯へとつながっている。一方、東部では、スラウェシ、東ヌサテンガラ、マルク・パプアの四地域に囲まれたバンダ海、フローレス海の縁を一周するように環太平洋造山帯とその支脈が走り、その南西の隅にあるスンバワ島付近でジャワ島、バリ島から東へ伸びる上述の造山帯と連結している（図2－Bをも参照）。

図2-A　西太平洋におけるプレートの境界

　環太平洋造山帯は、英語では「火の輪」（Ring of Fire）とも呼ばれるように、顕著な火山帯とも重なっている。カムチャツカ半島、千島列島、日本、フィリピンを経てインドネシアまで、太平洋の西の縁にはいくつもの火山が累々と続く。インドネシアには百数十もの火山があり、

写真2-1　タンボラ山の火口原

日本やフィリピンをもしのぐ世界有数の「火山大国」でもある。人類の歴史の記録に残る最大の火山爆発は、一八一五年のスンバワ島におけるタンボラ（Tambora）山の大爆発と言われている（写真2－1）。この爆発により、それまで海抜約四三〇〇メートルの高峰であった同山の上部は吹き飛び、高度は二七〇〇メートル余りにまで低下して、あとには直径七キロに及ぶ大きな火口原が残された。その爆発音は、二〇〇〇キロ以上離れたスマトラでも聞き取れたという。また、噴火に伴う地震によって津波も起こり、災害による死者は少なくとも七万人以上に達した。さらに噴きだした火山灰は気流によって全世界に広がり、その後数年間の気象に大きな影響を与えたとされる。

　タンボラ山に次ぐ大爆発は、一八八三年八月のスンダ海峡（ジャワとスマトラの間）における有名なクラカタウ（Krakatau）島のそれである（写真2－2）。噴火に伴う火砕流と津波により、死者は三万人を超えた。また噴煙は上空四〇キロ前後にまで達し、爆発音は五〇〇〇キロ近く離れたインド洋西部の島にまで届いたという。また成層圏にまで届いた噴煙のために北半球全体の気象に影響が

写真 2-2 噴煙をあげるクラカタウ島

および、その後数年間、異様な色の夕焼けが観測された。

東南アジア各地には既に一八七〇年代までに海底電線が届いていた。クラカタウの大噴火は、その海底電線を使って全世界に報道される史上初の大規模災害となった。またいささか皮肉なことに、この事件によってジャワは欧米はじめ世界の多くの人々の好奇心の的となり、その後汽船で訪れる観光客の増加を招いたという。

図2-Bは、一九九一～二〇一五年の最近二五年間について噴火が報道されたインドネシアの火山を地図で示したものである。その総数は三五峰に及ぶ。そのうちさらに二〇〇六年からの一〇年間に限って、新聞報道の切り抜きなどに基づき主な火山噴火を列挙すると三二件（火山数は一七峰）に達する。毎年平均三件以上はかなり大きな噴火を経験したことになる。この三二件の噴火のうち特に規模と被害が大きかったのは、二〇一〇年八月以降断続的に続いているシナブン（Sinabung）山（北スマトラ州）、二〇一〇年一〇月～一一月のムラピ（Merapi）山（ジョクジャカルタ特別州）（写真2-3）、二〇一四年二月のクルード（Kelud）山（東ジャワ州）の噴火である。これらは日本の新聞でも報道されたので、記憶している人も多いだ

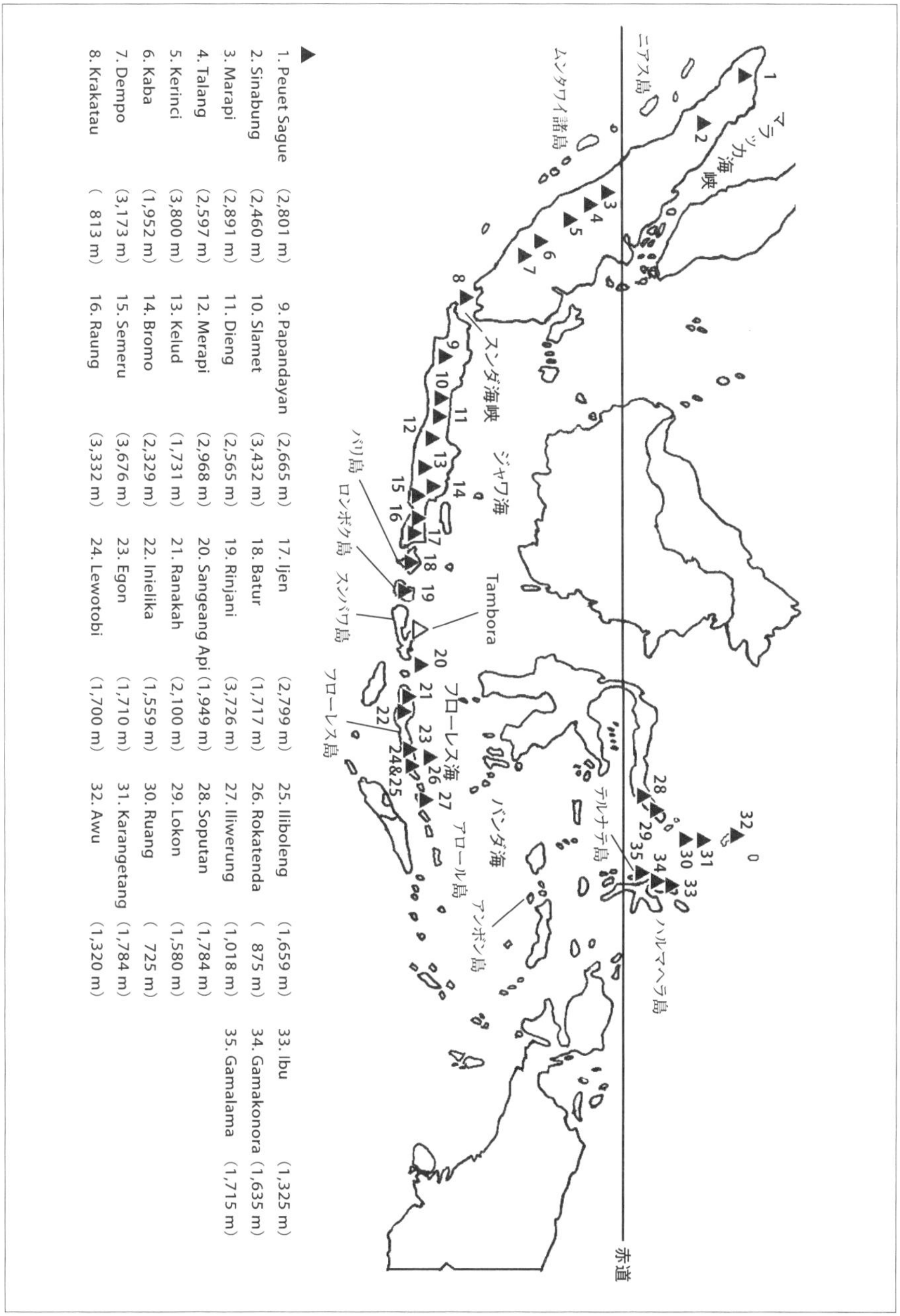

図2-B　インドネシアの主な火山(1991～2015年に噴火した35峰)

写真2-3　中部ジャワのムラピ山（北面から撮影）

ろう。

火山大国インドネシアはまた、日本と同じく地震多発国でもある。表2-1は、二一世紀の最初の一五年間に起きた大きな地震を記したものだ。このうち、特に被害が深刻で日本でも大きく報道されたのは、二〇〇四年一二月のスマトラ沖地震、二〇〇六年五月の中部ジャワ地震と二〇〇九年九月末の西スマトラ・パダン沖地震である。特に二〇〇四年のスマトラ沖地震はマグニチュード九・三という地震の規模と津波による被害の大きさ（確認されている死者数はインドネシア国内だけで一三万人以上、周辺諸国を含めると二二万人以上）の点で、記録に残るインドネシア史上最大であり、二〇一一年三月一一日の東日本大震災を上回るほどの地震災害であった。また、この災害のあとツナミという語がインドネシア語にも取り入れられてすっかり定着したことも印象深い（写真2-4）。

このように見てくると、火山と地震はインドネシアにとって疫病神のような存在に感じられるが、それは事柄の半面にすぎない。あとで述べるように、インドネシアの自然の恵みは火山に支えられており、大人口を支える環境的基盤をも提供しているのである。

写真2-4　地震と津波で被災したバンダアチェ市中心部

表2-1　主な震災　(2001～2015年)

年	月	日	被災地域	図1-Aの番号(州)	マグニチュード	被災状況
2004	11	12	アロール島(東ヌサテンガラ州)	19	7.3	死者26人
〃	12	26	アチェ特別州(スマトラ沖地震)	1	9.3	インド洋大津波を誘発。国内の死者13万人以上、行方不明3万7000人
2005	3	28	ニアス島(北スマトラ州)	2	8.2	死者300人余り
2006	5	27	ジョクジャカルタ特別州(中部ジャワ地震)	15	6.3	死者5700人余り
〃	7	17	西・中部ジャワ南海岸(チラチャップ沖地震)	13, 14	7.7	津波を誘発。死者500人以上
2007	3	6	西スマトラ	3	6.4	死者73人
〃	9	12	スマトラ南西部(ブンクル沖地震)	3, 7	8.2	死者23人
2009	9	2	タシクマラヤ沖(西ジャワ州)	13	7.0	死者70人
〃	9	30	西スマトラ(パダン沖地震)	3	7.6	死者約1200人
2010	6	16	パプア州北部(パプア沖地震)	34	7.1	死者11人
〃	10	25	ムンタワイ諸島(西スマトラ州)	3	7.7	津波を誘発。死者408人
2012	4	11	アチェ特別州(アチェ沖地震)	1	8.6	死者10人
2013	7	2	アチェ特別州(中部アチェ地震)	1	6.1	死者40人

赤道直下の熱帯性気候

インドネシアの国土は、赤道をはさんで南北両半球にまたがり、東西方向の帯状に広がっている。このため、有名なケッペンの気候区分で言うと、全土が（最も寒い月の平均気温が一八℃以上の）熱帯性気候の区域に、さらに雨量と乾季の乾燥具合を基準に細分すると、一年を通じて雨量の多い「熱帯雨林気候」、乾季の存在がはっきりしている「熱帯モンスーン気候」、乾季の乾燥度が特に高い「サバナ気候」の三地域に区分される。

このうち「サバナ気候」はヌサテンガラなどオーストラリア大陸に近接した一部地域に、「熱帯モンスーン気候」はこれに隣接する中・東部ジャワとスラウェシの最南部に見られる。それ以外の地域の大半は「熱帯雨林気候」に属している。

各地の気象観測記録をもとに、インドネシアの気候の一般的特徴を述べると次のとおりだ。

まず第一に、月平均気温はどこも一年を通じて二六〜二九℃ぐらいで、年較差はわずかである。また、最高気温が三五℃を超えることは少なく、熱帯と言っても暑さは割合穏やかだ。最も暑い月の平均気温が四〇℃前後に達するインド、ミャンマー、タイ、フィリピンのように、やや赤道から離れた国々で見られる猛暑の月をインドネシアで経験することはまれである。さらに、最低気温は二五℃に達しないことも多い。日本で言う「熱帯夜」の猛暑に苦しむことは少ないのだ。

次に、インドネシアの多くの地域では、日本の冬に当たる季節（一月前後）には北西方向からの、夏に当たる季節（七月前後）には南東方向からの季節風が卓越する（図2-C）。北西季節風は、ベンガル湾の方角から大量の水蒸気を含んだ湿った空気を、南東季節風は、砂漠に覆われたオーストラリア大陸の内陸から乾いた空気を運ぶ。このため、多くの地域では、一一月〜四月ごろが雨季、五月〜一〇月ごろが乾季になる。

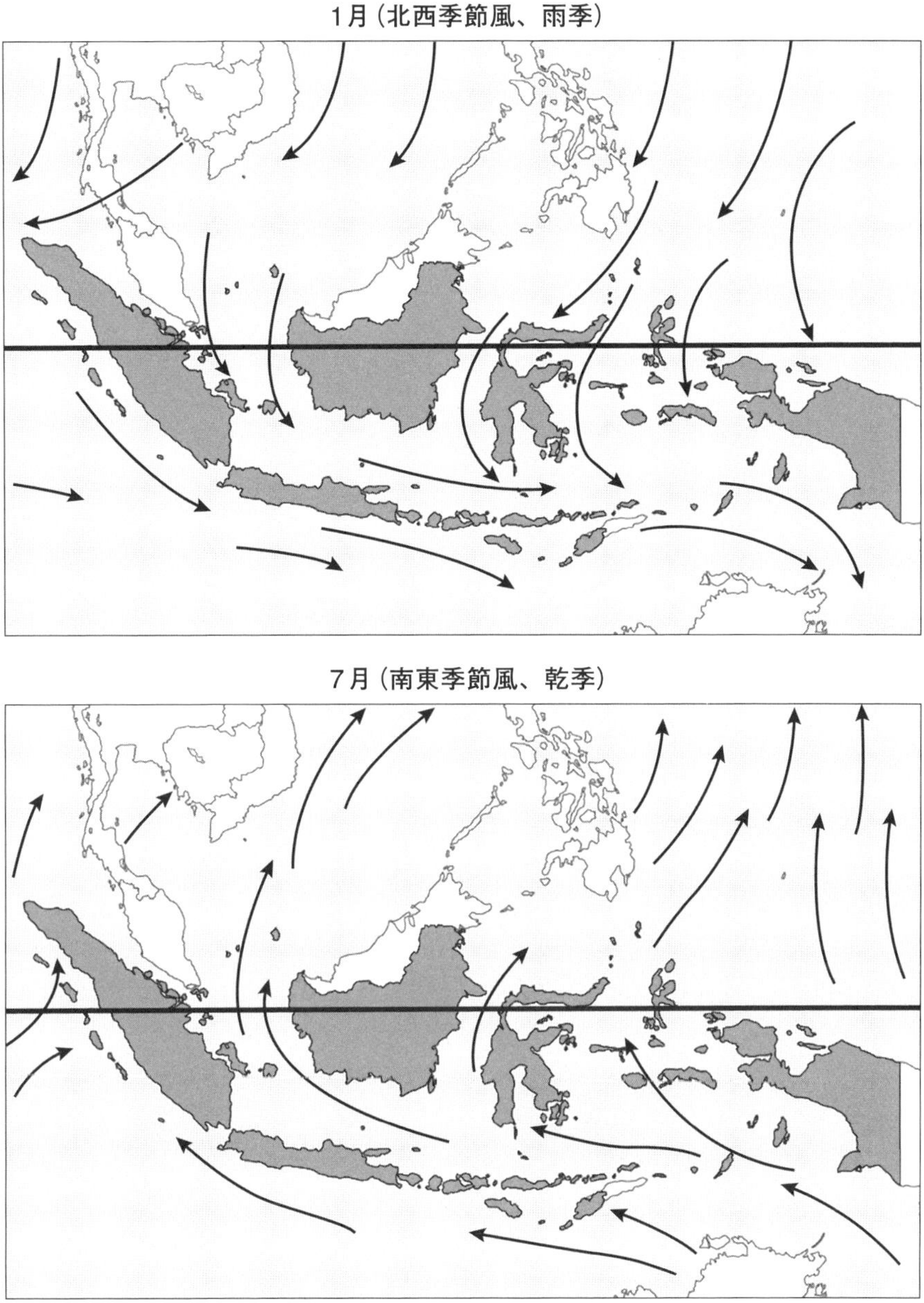

図2-C　インドネシアの季節風

三つの時間帯

国土が東西に長く広がっているインドネシアには、西部、中部、東部の三つの時間帯（タイムゾーン）が設けられている（図2－D）。西部インドネシア時間（Waktu Indonesia Barat：ＷＩＢ）は協定世界時（ＵＴＣ）に対してプラス七時間、日本標準時（ＪＳＴ）に対してはマイナス二時間の時差がある。この時間帯には、スマトラ八州とジャワ五州の全域、および西、中のカリマンタン二州が含まれる。

この時間帯と近隣のタイ、ラオス、カンボジア、ベトナムの四国との間には時差がない。首都ジャカルタをはじめ、スラバヤ、バンドン、メダン、スマラン、パレンバンなど人口一〇〇万人を超す（二〇一〇年人口センサス）全国一〇都市のうち九都市がこの時間帯に位置する。

中部インドネシア時間（Waktu Indonesia Tengah：ＷＩＴＡ）はＵＴＣに対してプラス八時間、ＪＳＴに対してはマイナス一時間の時差がある。この時間帯には、北、東、南のカリマンタン三州とスラウェシ六州の全域、さらにバリと東、西ヌサテンガラの各州が位置する。この時間帯と時差のない標準時を持つ国・地域には、マレーシア、シンガポール、フィリピン、台湾、中国、西部オーストラリアなどがある。またこの時間帯に位置する大都市（二〇一〇年に人口五〇万人以上）は五つあるが、うち人口一〇〇万人以上は南スラウェシ州のマカッサルだけである。

東部インドネシア時間（Waktu Indonesia Timur：ＷＩＴ）はＵＴＣに対してプラス九時間の時差があるが、日本とは時差がない。この時間帯には、マルク、北マルク、西パプア、パプアの四州が位置する。日本の他に、東ティモール（ティモール・レステ）、パラウ、中部オーストラリアの標準時とこの時間帯との間には時差がない。この時間帯には人口五〇万人以上の大都市はなく、わずかにアンボン、ソロン、ジャヤプラの三都市が人口二〇万人を超えている（二〇一〇年）。

現行の三つの時間帯が定められたのは一九六四年であり、オランダ植民地時代は三〇分おきに、北スマトラ、スマトラ、ジャワ、セレベス、モルッカ、蘭領ニューギニアの六つの時間帯が設けられていた。なお二〇一二年には全国の時間帯を統一する構想が政府筋から語られた

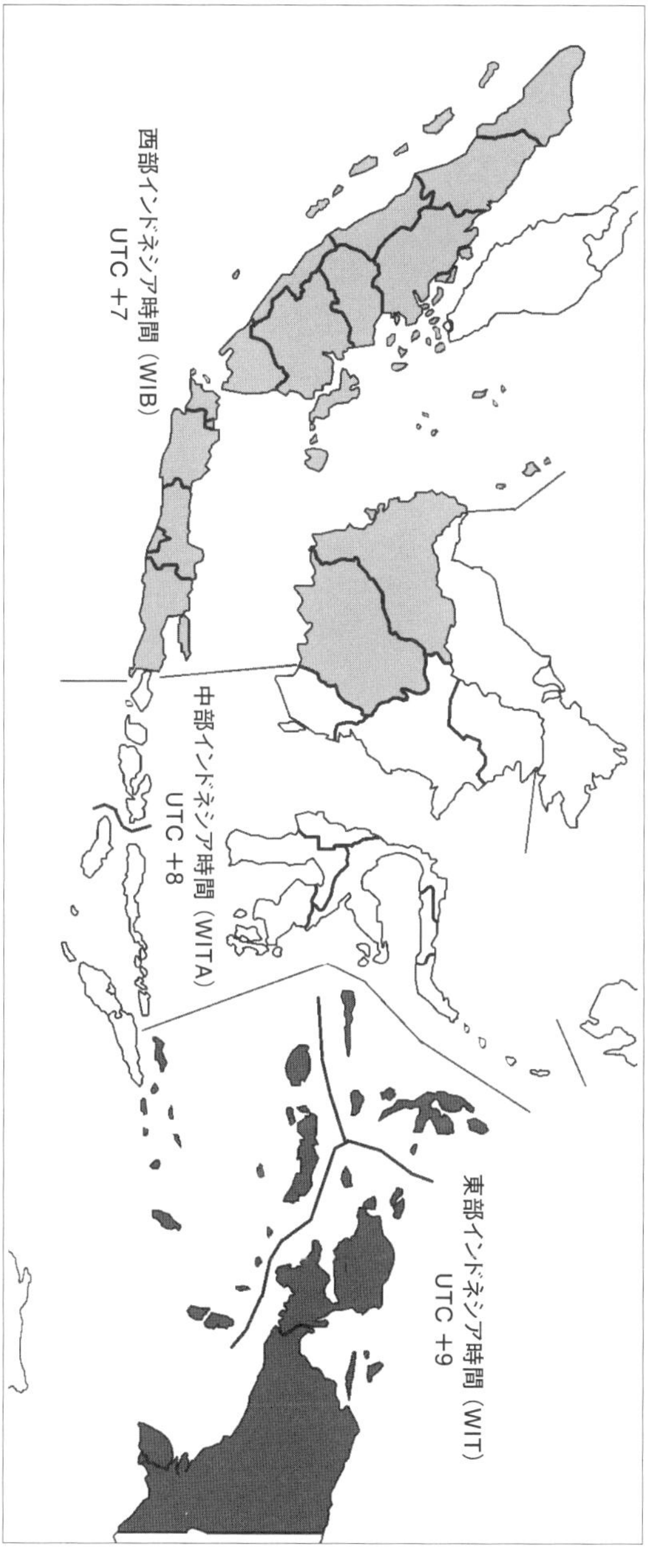

図2-D　インドネシアの時間帯

が、二〇一六年までの間には実現に至っていない。

時間帯と時差について、日本からの旅行者が特に注意すべきことが二つある。一つは、ジャワ島とそのすぐ東隣のバリ島のあいだに一時間の時差があることだ。例えば、バリ島から中部ジャワのジョクジャカルタへ観光旅行で飛行するときは、時計を一時間遅らせる必要がある。

もう一つは、西部インドネシア時間とマレーシア、シンガポールの標準時の間にも時差があることだ。しかも、その時差はマレーシア、シンガポール側が（中部インドネシア時間と同じく）一時間先へ進む格好になっていることに注意しなければならない。例えば、ジャカルタからシンガポールやクアラルンプルへ北西の方角に飛ぶときは、通常の感覚とは逆に、時計の針を進めないといけないのだ。

3 歴史

二〇世紀に入ると近代的なナショナリズムの思想と運動が芽生え、台頭した。オランダの友人と書簡を交わし女性の教育と地位向上に努めようとしたジャワ人貴族の娘カルティニや、一九〇八年にやはりジャワ人貴族の青年たちが教育の普及や産業の振興を目的に結成したブディ・ウトモの活動は、その先駆けであった。

原始時代のインドネシア

植民地時代の一八九一年に、中部ジャワのソロ川流域にあるトリニール（Trinil）でオランダ人の軍医ウジェーヌ・デュボア（Eugene Dubois）が頭蓋骨など原始人類の人骨化石を発見し、ピテカントロプス・エレクトゥス（直立猿人）と名付けた。その後も一九三四年から一九四一年にかけて、トリニールの西方約四〇キロメートルに位置するサンギラン（Sangiran）など、やはりソロ川流域の各地で、ドイツ人考古学者フォン・ケーニヒスヴァルト（G.H.R. von Koenigswald）らにより、数十万年から一五〇万年前に棲息したと見られる様々な原始人類の人骨化石が発掘され、日本では「ジャワ原人」と総称されるようになった。また、インドネシアが独立してからはフローレス島や東部ジャワのトルンアグン県ワジャック（Wajak）で、数万年前に棲息したと推定される人骨も発掘された。これらの考古学的出土物については、サンギランに二〇一一年からインドネシア政府が設けた考古学博物館に詳しい展示がある（写真３－１）。

写真3-1　サンギラン考古学博物館にて

しかし、かつてインドネシアで暮らしていたこれらの古い人類が現在のインドネシア人たちの祖先にあたるわけではない。現在のインドネシア人に直接つながり、オーストロネシア語族の言語を話す南方系モンゴロイド人種は、中国南部から次第に南下し、およそ四〇〇〇年前ごろから居住し始めたと考えられている。この人々が新石器文化をもたらしたと見られ、三〇〇〇年前ごろには稲作も始まっていたらしい。さらに紀元前五〇〇年ごろ、大陸部東南アジアから青銅器を製作する文化が伝来した。ベトナム北部が起源と考えられ、その地名にちなんで

「ドンソン文化」と呼ばれるこの青銅器文化の代表的遺物は銅鼓、つまり様々な紋様の装飾が施された青銅製の筒型の太鼓である。

有史以前の時代の銅鼓はインドネシアでも各地で出土しており、ペジェン（Pejeng）型とヘーゲル型の二種類に区分されている。ペジェンは月にちなんだ伝説で有名な巨大銅鼓が発見されたバリ島の村の名前だが、ヘーゲルはその型の銅鼓について研究したオーストリアの学者フランツ・ヘーゲル（Franz Heger）の名から採られた。ペジェン型銅鼓はインドネシア固有、ヘーゲル型銅鼓はドンソン起源と考えられている。

以下に記述の地名については、「8地域の横顔」の地域別の地図（8−A〜8−F）を参照されたい。

仏教・ヒンドゥー諸王国の時代

インドネシアにおける有史時代、つまり文字で書かれた史料が存在する時代の最も古い遺品は、西部ジャワのボゴール、ブカシ、パンデグラン付近で発見された複数のサンスクリット語碑文である。これらの碑文から、四〜七世紀にこの地方に「タルマ国」（Tarumanagara）という名のヒンドゥー教を奉じる王国が存在したことが知られている。また、東カリマンタンのマハカム川流域クタイ地方から出土した碑文（ムラワルマン碑文）からも、やはり四〜五世紀のこの地方にヒンドゥー教王国が成立していたことが明らかになっている。南シナ海対岸のインドシナ半島南部の地域とともに、インドネシアの諸地域は中国とインドを結ぶ東西貿易の中継拠点として非常に古い時代から重要性を増し、インドからヒンドゥー教を受け入れた国々が登場したのである。

さらに七世紀後半になると、マラッカ海峡の一帯を支配し繁栄したシュリーヴィジャヤ王国（現代インドネシア語の表記・発音ではスリウィジャヤ Sriwijaya）についての記

写真3-2 プランバナンのヒンドゥー教遺跡

録が登場する。一九二〇年に南スマトラのパレンバンで発見された古代ムラユ語（南インド起源の文字で表記）の碑文には、六八二年にこの地に都を建てた王のことが記されている。また、六七一～六九五年に海路を利用してインドを訪れた唐の仏僧義浄はその往復の途次にシュリーヴィジャヤに相当する「室利仏逝」国に滞在したことを記している。義浄によれば、この国は一〇〇〇人以上の僧侶がいる大乗仏教の一大中心地であった。義浄の記した「室利仏逝」の所在地がはたしてパレンバンであったかどうかについては異説もあるが、七～一一世紀の長期間、シュリーヴィジャヤがスマトラ対岸のマレー半島も含め、マラッカ海峡の交易ルートを支配する海洋帝国として栄えたことは確かである。

一方、中部ジャワでは内陸部の稲作農業に基盤を置き、ジャワ海の海洋商業にも関与する王国が八世紀に台頭する。中部ジャワのマグラン付近で出土したサンスクリット語の碑文などによると、中部ジャワの王朝（現代の歴史家の呼び方では古マタラム王朝）はヒンドゥー教を奉じるサンジャヤ（Sanjaya）王家と大乗仏教を奉じるシャイレーンドラ（Sailendra）王家とに分かれて抗争しながら共存し

写真3-3 ボロブドゥールの仏教遺跡

た。今のジョクジャカルタ市の東側一五キロほどのプランバナンにある石造のヒンドゥー寺院遺跡（写真3－2）はサンジャヤ王家が九世紀に、同市の北西四〇キロほどのボロブドゥールにある世界でも最大級の石造仏教遺跡（写真3－3）はシャイレーンドラ王家が八～九世紀に建立したものとされる。

マタラム（現在のジョクジャカルタ地方の古称）の地を中心に栄えた中部ジャワの古代王朝は、一〇世紀前半におそらくムラピ火山の大噴火が原因で、東部ジャワに遷都する。一一世紀前半にはその血統を継ぐと言われるアイルランガ（Airlangga）により、ブランタス川の最下流、今日のシドアルジョ付近にあたるカフリパン（Kahuripan）に都を置く王国が建てられる。アイルランガ王治世の末期の一〇四二年に王国は、それぞれ別の王子に託されたクディリ（Kadiri）とジャンガラ（Janggala）の二つの国に分裂し抗争を続ける。一一三五年にジャンガラを滅ぼしたクディリ王ジャヤバヤ（Jayabaya）のもとでブランタス川上流域に都する同国は繁栄の頂点を迎えるが、一二二二年にはケン・アロック（Ken Arok）によって滅ぼされる。

ケン・アロックの建てたシンガサリ（Singhasari）王国

写真3-4　シンガサリ王国のヒンドゥー教遺跡

（写真3－4）は一二九二年、クルタナガラ王の治世に臣下のジャヤカトアン（Jayakatwang）の反乱によって滅びる。しかしその翌年に元朝の世祖クビライが派遣した遠征軍がジャワを襲い、元の軍と結んだクルタナガラ王の女婿ラデン・ウィジャヤ（Raden Wijaya）がジャヤカトアンを滅ぼす。その後に元軍をジャワから放逐したラデン・ウィジャヤは、シンガサリの王統を継承する新王国を、ブランタス川の河口から五〇キロあまり溯ったマジャパヒト（Majapahit）を都として建て、クルタラジャサ王と名乗って即位する。

マジャパヒト王国（写真3－5）は、第四代の王ハヤム・ウルク（Hayam Wuruk）の治世（一三五〇～八九年）に最盛期を迎える。宰相ガジャマダ（Gajah Mada）の輔佐のもとに、その威勢はジャワ、スマトラ、バリ、ヌサテンガラ、カリマンタン南部、スラウェシ、マルクなど、ヌサンタラ（Nusantara）と名付けられた今日のインドネシア全域にほぼ匹敵する広大な範囲におよび、ジャワ産の米や綿布、胡椒などの輸出商品を手掛かりに対外貿易も盛んに営んだ。しかし、このインドネシア史上最大のヒンドゥー教王国マジャパヒトも、ハヤム・ウルク亡き後は内紛や国

写真3-5　マジャパヒト王国遺跡

際交易の環境変化などによって次第に衰退に向かい、一六世紀前半にはイスラームを奉じて新たに台頭したデマック王国の侵入によって滅びることになる（マジャパヒトの滅亡後、王族と遺臣の一部はバリ島に逃れ、そこでバリ族支配層と融合してヒンドゥー教の信仰と文化を維持した）。

マジャパヒトの時代にはまた、以前のサンスクリット語に代わりジャワ語によって王国の事績を記録した文学作品が登場した。特に宮廷詩人プラパンチャ（Prapanca）により一三六五年に記された年代記『ナガラクルターガマ』（*Nagarakertagama*）は、歴史研究の史料としても重要である。オウギヤシの葉（ロンタル）に記されたこの作品は、一八九四年にオランダ軍がロンボク島でバリ族の小王国を攻略したときに発見され、二〇世紀に入って翻訳と研究が進んだ。

マジャパヒトの威勢がインドネシア各地に及んだといっても、その全域が直接的一元的支配のもとに置かれたわけではない。各地方にはそれぞれ独自の支配者がいて、マジャパヒトの威光に服属したというのが、実際の姿であったと思われる。例えば、西部ジャワにはやはりヒンドゥー教を奉じるスンダ族のパジャジャラン（Pajajaran）

写真3-6　西スマトラ・パガルユンの旧王宮

王国が一一世紀半ばからあり、現在のボゴール付近のパクアン（Pakuan）を都として、一五七九年にバンテン王国に滅ぼされるまで存続した。また、一四世紀半ばにはマジャパヒトに臣従するムラユ族のアディトヤワルマン（Adityawarman）により、西スマトラのパガルユン（Pagaruyung）に王国が建てられ、一六世紀ごろにイスラームに改宗するまでヒンドゥー教と仏教が信仰された（写真3－6）。

イスラームの浸透と拡大

一三世紀後半に、スマトラの北端、今のアチェ州ロッスマウェ（Lhokseumawe）市の近くにイスラームを奉じるサムドラ・パサイ（Samudera Pasai）と呼ばれる王国が生まれた。これが史料により存在が確認されるインドネシア最古のイスラーム化した国家である（スマトラという地名も「サムドラ」に由来する）。マラッカ海峡を経由する胡椒などの交易と稲作が経済的基盤であったと考えられるこの王国は一四世紀半ばまで栄えたが、次に述べるマラッカ王国の興隆とともに衰えていき、一五二一年にポルトガルの攻撃を受けて倒れ、その後はアチェ王国に併合された。

一方、一五世紀初めマラッカ海峡対岸のマレー半島には、シュリーヴィジャヤ王国の末裔とされる人物によりマラッカ（ムラユ語ではムラカ：Melaka）王国が創建されてイスラームに改宗した。マラッカは東西交易の中継基地として繁栄するとともに、今日のインドネシアとマレーシア各地へのイスラーム布教の根拠地の役割も果たしたが、一五一一年にポルトガルに占領されて滅び、その後裔はマレー半島南端のジョホールに移って新たな王国を築くことになる。

サムドラ・パサイが次第に衰える一方、今のアチェ州都バンダアチェ（Banda Aceh）に拠る新しいイスラーム王国が一五世紀末に登場し、一六世紀に入るとアチェ・ダルッサラーム・スルタン王国として発展を遂げた。マラッカがポルトガルの手に落ちたあとは、オスマン・トルコと連携しつつ、これと対抗する国際貿易の拠点となり、一七世紀前半のイスカンダル・ムダ（Iskandar Muda）の治世に最盛期を迎える。アチェ王国の勢いはその後次第に衰えたが、二〇世紀に入ってオランダに滅ぼされるまで存続した。

一五世紀後半、中部ジャワ北海岸のデマック（Demak）にもジャワで最初のイスラーム王国が登場する。一八世紀に編纂された『ジャワ年代記』（*Babad Tanah Jawi*）の記述によれば、その開祖はマジャパヒトの王ブラウィジャヤとその中国人の側室とのあいだに生まれたラデン・パター（Raden Patah）という人物である。彼が建立したとされるデマックのムスジッド（イスラーム礼拝堂）は、ジャワで最古のものと考えられている（写真3－7）。一六世

写真3-7　デマックに現存するジャワ最古と言われるモスク

紀に入って勢力を拡張したデマック王国はマジャパヒトを圧倒してジャワの覇者となったが、三代目の王トレンガナ（Trenggana）が一五四六年に没してからは次第に衰えた。なお、一五～一六世紀のジャワにおける黎明期のイスラーム布教に尽くしたとされる九人の指導者を、ジャワ語でワリ・ソンゴ（Wali Sanga）つまり「九聖人」と呼んでいる。彼らはデマックを拠点としてジャワ各地に布教活動を行ない、やはり後述のチルボン、バンテンなどの建国にも深く関わった（写真3－8）。

一五五〇年ごろからはデマックに代わり、今のスラカルタ（ソロ）市に近い内陸部を拠点とするパジャン（Pajang）王国が中・東部ジャワの覇者となったが、一五八〇年代後半には、今のジョクジャカルタ市付近から興ったマタラム（Mataram）王国にその地位を奪われた。このイスラーム化したマタラムを先に述べた古マタラム王朝と区別して「新マタラム」または「イスラーム・マタラム」王朝と呼んでいる。その初代の王セノパティ（Senopati）は、一五八八年に現在のジョクジャカルタ市コタグデ（Kotagede）郡にあたる土地で即位した。マタラム王国は、第三代スルタン・アグン（Sultan Agung. 在位一六一三～四五年）の時代に最も強大になり、その支配は中・東部ジャワのほぼ全域に及んだ。またその都は一六一三年以降数回の移転を経て、一六八〇～一七四五年にはカルタスラ（Kartasura. 今のスラカルタ市の西側）に置かれた。

中・東部ジャワがマタラムの支配下に入る一方、西部ジャワの東北端にあるチルボン（Cirebon）には、ワリ・ソンゴの一人に数えられるスナン・グヌンジャティ（Sunan Gunung Jati）が一六世紀半ばごろに建てた王国があり、また同じ西部ジャワの西北端には彼の息子のマウラナ・ハサヌディンによりバンテン（Banten）王国が一五二六年ごろに建てられた。デマック、チルボン、バンテンの三王国の間には強い結びつきがあり、パジャジャラン王国と結んでスンダ・クラパ（Sunda Kelapa）の港町（現在のジャカルタ）を占拠していたポルトガル人を一五二七年に駆逐したイスラーム教徒の連合軍も、デマックとチルボンから派遣された。もともとパジャジャラン王国の港であったスンダ・クラパは、このときに対ポルトガル戦の勝利を記念してジャヤカルタ（Jayakarta）と名付けられた。その後、パジャジャラン王国は一五七九年にバンテンによって滅ぼされ、ジャヤカルタもその支配下に入った。こうして、一七世紀のジャワにはマタラム、チルボン、バンテンの三つのスルタン王国が並存することになった。

一六～一七世紀には、以上述べた他にも、インドネシアの各地にイスラーム化した多くの小王国が興った。南スマトラのパレンバン王国、南カリマンタンのバンジャルマシン王国、南スラウェシのゴワ（Gowa）王国とボネ（Bone）王国、北マルクのテルナテ王国などがそれである。このような王国の群生は、インドネシアにおけるイスラームの浸透がこの時代の海洋商業の国際的発展と並行して進んだことをよく示している。

写真3-8 ワリ・ソンゴ（九聖人）の肖像

植民地化とオランダ領東インド

海洋貿易が隆盛を迎えた一六〜一七世紀には、ヨーロッパの商業勢力もインドネシア諸島に進出して来た。最初にやってきたのはポルトガル、次いでスペインである。一五一〇年にインドのゴア、一五一一年にマレー半島のマラッカを占領して拠点を築いたポルトガルは、一方ではヌサテンガラのティモール、フローレス両島に影響力を広げるとともに、マルク諸島特産のチョウジ（丁字＝クローブ）、ニクズク（肉荳蔲＝ナツメグ）などの香辛料の交易権をめぐり、北のフィリピン諸島から南下してくるスペインとの間に一五二〇年代から覇権争いを繰り広げた。また、マラッカ海峡からジャワ海にかけての海域では、アチェ、デマック、バンテンなどと争闘を繰り返した。

一六世紀末からはオランダがインドネシアに姿を現す。一六〇二年に世界最初の株式会社であるオランダ東インド会社（略称ＶＯＣ）が設立されると、その翌年にはその最初の商館がバンテンに、一六一一年にはスンダ・クラパ（ジャヤカルタ）にもう一つの商館兼要塞が設けられた。後者は一六一九年にバタビア（Batavia）と改称されて、会社の派遣する東インド総督の居城となった（写真3－9）。

オランダは、同じころ進出してきたイギリスをまずマルク諸島から駆逐、次いでポルトガル、スペインを追い詰めてほぼ一六六〇年代のうちにはマルク諸島における覇権を確立した。その一方で、一六四一年にはマラッカをポルトガルから奪い、マラッカ海峡一帯でも優位に立った（以後、インドネシア諸島におけるポルトガルの支配地域はティモール島の一部に限られ、一九〇二年の協定で正式に同島の東半分はポルトガル領、西半分はオランダ領となった）。

バタビアを拠点とするＶＯＣの勢力拡大を牽制するために、マタラム王国のスルタン・アグンは、一六二八、二九年に二回にわたる遠征軍をバタビア攻略のために送ったが失敗に終わった。その後、ジャワのマタラム、チルボン、バンテンの三王国ではいずれも内紛が繰り返され、その解決のためＶＯＣの支援と介入を受けるたびに勢いが衰えて、ジャワにおけるＶＯＣの領土支配拡大を許していくことになった。ＶＯＣは一七世紀のうちに西部ジャワのプリアンガン地方（今のバンドンを中心とする内陸の高原地域）における支配権を手に入れ、一八世紀に入

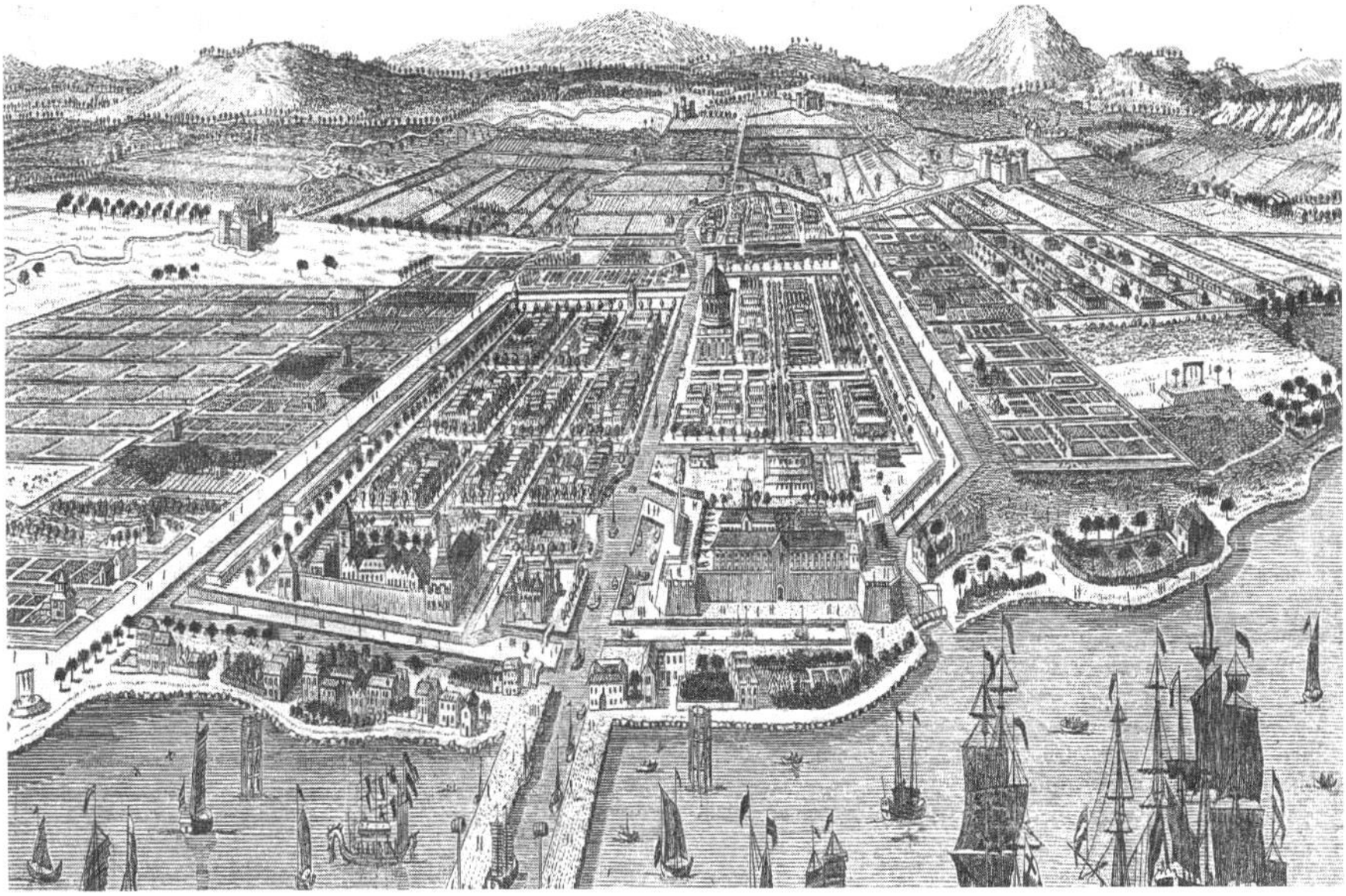

写真3-9 オランダ東インド会社時代のバタビア（絵図）

るとこの地方を中心にコーヒーなどの商品作物の栽培と供出を住民に義務づける制度（強制供出制）を導入した。以後、ＶＯＣの商活動の中心は従来の香辛料貿易から領地での商品作物栽培に代わっていった。

マタラムでは一八世紀にも内紛が続き、一七五五年に王国はスラカルタのススフナン侯領とジョクジャカルタのスルタン侯領に分裂して領地も縮小、ジャワの全域にＶＯＣの領地が広がることになった。しかし、ジャワの内紛に介入するための戦費の拡大や会社役員らの私利追求の増加などにより経営が悪化し、一七九九年にＶＯＣは解散され、その領土はオランダ政府に引き継がれた。

一方、同時期にオランダ本国はナポレオン指揮下のフランス軍に占領され、その支配下に入ったため、イギリスはその対抗措置としてオランダの海外領土を占領した。そのため、一八一一〜一六年の期間にジャワは、イギリス東インド会社が派遣したＴ・Ｓ・ラッフルズを最高責任者とする統治下に置かれた（その後、ラッフルズは一八一九年にシンガポールを建設）。

さらに一八二四年に結ばれた条約により、イギリスはスマトラ南西海岸に領有していたベンクーレン（インド

写真3-10 ディポヌゴロの肖像

ネシア語ではブンクル）を、オランダはマレー半島のマラッカ（ムラカ）をそれぞれ放棄して、マラッカ海峡を両国植民地の境界とすることが定められた（現在のインドネシア、マレーシア両国国境の原型）。

一八二〇年代にはまた、西スマトラで中東から伝わったイスラーム改革主義の指導者たちによる武力闘争（パドゥリ戦争。一八二一〜三七年）と、ジャワのジョクジャカルタ・スルタン侯領の王族ディポヌゴロ（Diponegoro）侯を指導者とする大がかりな反乱（ジャワ戦争。一八二五〜三〇年）が起こり、オランダはその鎮圧に手を焼いた（写真3―10）。

これら二つの戦争などによって生じた財政危機から脱出するためにオランダは、従来から行なわれていた強制供出制を拡大・強化した強制栽培制度を一八三〇年からジャワの直轄領全域とスマトラ、スラウェシの一部に導入し、コーヒー、サトウキビ、藍の栽培とその加工製品の官業による独占的輸出によって得た利益をオランダの国家財政収入に繰り入れる政策を数十年にわたり実施した。これにより、オランダ本国の経済発展が促進されるとともに、ジャワにおけるオランダの植民地支配が隅々にまで浸透していった。

しかし、一八五〇年代頃からオランダ国内の民間企業家と自由主義思想の成長を背景に強制栽培制度への批判が次第に高まり、一八七〇年以降にこの制度は徐々に廃止されていった。代わって台頭したのは、民間企業によるプランテーションの開発と経営であった。一八六九年のスエズ運河開通と一八七〇年代の海底電線普及によるヨーロッパとの交通・通信の飛躍的改善も、植民地の経済開発に弾みをつけた。

他方、一九世紀後半から二〇世紀初めにかけてオラン

写真3-11　北スマトラのゴム・プランテーション(現代)

ダによる外島各地の領土支配もかつてない勢いで拡大した。まず一八五八～六〇年には軍隊を派遣して南スラウェシのボネ王国を屈服させ、一八五九～六三年の戦争で南カリマンタンのバンジャルマシン王国を滅ぼし、これを直轄領とした。また、一八五八年にはスマトラ中部のシアック王国と協定を結んでこれを服属させた。さらに一八七三年からはスマトラ北端のアチェ王国に対する征服戦争を開始し、アチェ側の長期にわたる抵抗を退けて一九一三年にほぼこれを制圧した。他方、一八四〇年代の戦争によってオランダの宗主権を認めさせたバリの諸王国も、一九〇八年のクルンクン王国の征服を最後にすべてをオランダの直接支配下に編入した。このような過程を経て、一九一〇年代には今日のインドネシアにあたるオランダ領東インド全域への植民地支配がほぼ完成した。

これとともに外島、特にスマトラにおけるプランテーションの開発が一八七〇年以降に進み始める。最初に切り開かれたのは、スマトラ東海岸州(今の北スマトラ州)メダン近郊のタバコ農園だったが、同地域では二〇世紀に入ると対岸の英領マラヤとともにパラゴムノキ(天然ゴムの原料作物）の栽培が急速に発達した（写真3－11）。自動車産業の発達に伴うタイヤ原料としてのゴム需要の急増がその原因である。二〇世紀に入ってからのパナマ運河開通（一九一四年）や太平洋を横断する海底電線の敷設などによる、自動車産業中心地アメリカとの貿易増大がそれを可能にした。

一方、ジャワではインド、中国への砂糖出増加に牽引されたサトウキビ栽培の拡大が一九二〇年代まで続いた。またプランテーション製品と並んで、スズ、石油など鉱産資源の開発と輸出も増加した。

こうして、経済的には各種一次産品の生産基地へと編成されたオランダ領植民地国家東インドの発展が、二〇世紀の最初の四〇年間に最終かつ最高の段階に到達したのである。

インドネシア共和国の成立と発展

他民族による植民地支配の下ではあるが単一の国家機構による領土の統一は、現地住民のあいだに地方・種族の壁を越えたこれまでにない一体感を生み出した。鉄道（写真3－12）（一九世紀後半からジャワの全域とスマトラの一部に敷設）、道路、汽船による島嶼間航路、郵便、電信電話、ラジオ放送（一九二五年にバタビアで最初の放送開始）などの整備による運輸・通信の改善、活版印刷による書籍・新聞や共通語としてのマレー語による文学作品の普及、まだ少数のエリート層に限られたとはいえ学校教育の普及などがこれに拍車をかけた。また、政府機関や企業への現地人職員の登用も、新時代の知識と意識を備えた人材の育成を促した。

こうした変化を背景に、二〇世紀に入ると近代的なナショナリズムの思想と運動が芽生え、台頭した。オランダの友人と書簡を交わし女性の教育と地位向上に努めようとしたジャワ人貴族の娘カルティニ（R.A.Kartini. 一八七九～一九〇四年）（写真3－13）や、一九〇八年にやはりジ

写真3-12　蘭印国鉄で最大の蒸気機関車（スイス製、1928年運転開始）（中部ジャワ・アンバラワの機関車博物館に展示）

ャワ人貴族の青年たちが教育の普及や産業の振興を目的に結成したブディ・ウトモ（Budi Utomo）の活動は、その先駆けであった。さらに、一九〇五年設立のイスラーム商業同盟を母体に結成されたイスラーム同盟（Sarekat Islam. 一九一二年に法人登記）は、同盟員の経済状況改善、イスラームの普及、植民地支配への抵抗などの活動を大衆運動として広げることに成功した。

一方、一九二〇年に設立された東インド共産主義同盟はイスラーム同盟の中にも浸透して勢力を広げ一九二四年にインドネシア共産党（Partai Komunis Indonesia）と改

写真3-13　カルティニの肖像

名したが、一九二六年に武装蜂起に失敗して、いったん壊滅した。共産党と決裂したイスラーム同盟の運動も一九二〇年代末には衰えた。

これらに代わり民族運動の主流になっていったのは、ハッタ、シャフリルら在オランダのインドネシア人留学生が一九二〇年代に組織したインドネシア協会（Perhimpunan Indonesia）やインドネシア現地で若き建築技師スカルノらが設立したインドネシア国民党（Partai Nasional Indonesia）に代表される、インドネシア共和国の建国をめざすナショナリズムの運動であった。一九二八年にバタビアで採択された「青年の誓い」（「1インドネシアはどんな国か」参照）も、ナショナリズムの成長に大きな刺激を与えた。しかし、一九二〇年代末にそれはオランダ植民地政府から厳しい弾圧を受け、スカルノ、ハッタ、シャフリルはいずれもジャワから遠く離れた土地に流刑の身となった。こうして、一九三〇年以降のインドネシア民族運動は逼塞状態のまま、第二次世界大戦を迎える。

一九四二年に東インドに侵攻し全土を制圧した日本軍は、流刑されていたナショナリストたちをジャワに連れ戻し、占領行政への協力を要請した。スカルノ、ハッタらはこれに応じたが、日本側はインドネシアへの独立供与にはなかなか応じようとしなかった。日本の敗色が濃くなってきた一九四五年三月にようやく独立準備調査会の設置を認め、同年八月中旬には独立準備委員会を発足させることとしたが、同月一五日の日本の降伏により中断を余儀なくされた。結局、八月一七日にスカルノ、ハッタを指導者とするナショナリストたち自身の行動によりインドネシア共和国（Republik Indonesia）の独立が宣言され、新しい国民国家が誕生することになった（写真3–14）。

しかし、連合軍とオランダはこれを承認せず、九月には独立戦争の戦端が開かれた。当初はイギリス（英印）軍主体の連合軍、のちにはオランダ（蘭印）軍を相手とする独立戦争は一九四九年一一月まで続いたが、インドネシア独立支持に転じたアメリカなどの強い国際的圧力のもとにハーグで開かれた和平会議でオランダはインドネシア共和国に複数の地方政権を加えたインドネシア連邦共和国の結成を承認する協定（ハーグ円卓協定）に調印し、戦争には終止符が打たれた。

次いで翌一九五〇年には地方政権のすべてが自ら解散

写真3-14　独立宣言後の国旗掲揚（左端にスカルノとハッタ）

してインドネシア共和国に合流し、西ニューギニア（当時のインドネシア側の呼び名では西イリアン）を除く旧オランダ領東インドの全域が単一の共和国に統合された。しかし、基幹産業の多くが依然オランダ企業の支配下に置かれるなど、オランダの権益の多くを残した独立であったために、反オランダ・ナショナリズムの機運はその後も続いた。一九五〇年代半ば以降に西イリアン帰属問題をきっかけに両国関係は急速に悪化して一九五六年にハーグ円卓協定は破棄され、一九五七年末からはオランダ企業の接収と国有化が断行された。さらに一九六一年末からは西イリアン解放のための軍事行動も開始された。結局、国連の調停により一九六三年から同地域はインドネシアの管理下に移され、スハルト政権下の一九六九年に一〇二六人の住民代表を集めて行なわれた「自由選択決議」に基づき、正式にインドネシアに編入された（しかし、この決議を無効とする人々による分離独立運動が生まれ、今も続いている）。

一方、一九七五年にポルトガルの植民地支配が終わった東ティモールにも翌七六年にインドネシア軍が侵攻し、やはりインドネシアへの編入が行なわれたが、その後も分離独立運動が継続し、スハルト政権崩壊後の一九九九年に国連管理下で行なわれた住民投票でインドネシアからの離脱を決定、二〇〇二年には東ティモール民主共和国が発足してこの地域は再びインドネシアから離れた。

また、スマトラ北端のアチェでは、一九七六年に結成された「自由アチェ運動」(Gerakan Aceh Merdeka)による武装独立闘争が一九八〇〜九〇年代に激化し、インドネシア国軍と戦闘を繰り返した。しかし、二〇〇四年末のスマトラ沖地震と津波による同地方の被災を一つの転機として和平の機運が高まり、二〇〇五年にフィンランドのヘルシンキで結ばれた協定により内戦は終結、強い自治権を与えられたアチェ特別州行政の実権をその後に行なわれた選挙で旧独立派が掌握して、分離独立運動は終息した。

こうして、インドネシア共和国は旧オランダ領東インドの領土をそのまま継承する形で、二〇一五年には独立七〇周年を迎えることになった。

4　政治と行政——独立戦争期から最近まで

ハビビ、ワヒド、メガワティの三政権は政局の荒波にもまれていずれも短命であったが、これら三政権の時期にこそ多岐にわたる憲法改正が実施され、民主化の骨格が定まったことは無視できない。次に続くユドヨノ政権下の一〇年間における政治の安定と順調な経済発展の達成も、一九九九〜二〇〇三年の過渡期におけるこの大改革の礎の上に初めて達成可能であったと言えよう。

スカルノ時代のインドネシア

一九四五年八月一七日のインドネシア共和国独立宣言に先立ち、同年六月一日の独立準備調査会の会議で演説したスカルノは、来たるべき独立国家の原則として、民族主義、国際主義、代議制と協議、福祉、神への信仰の五項目を挙げ、サンスクリット語で「五つの原理」を意味するパンチャシラ（Pancasila）という言葉で呼んだ（日本語では「建国五原則」と訳している）。

これをうけて、三八人の調査会メンバーのうち九人が選ばれて憲法草案を作成することになった。出来上がった法案は独立宣言の翌日八月一八日に独立準備委員会に承認され、国会に代わる機関として設けられた中央インドネシア国民委員会（KNIP）の八月二九日の議決により正式に公布された。これを、ふつうインドネシア共和国一九四五年憲法と呼んでいる。

同憲法前文では建国五原則が、①唯一神への信仰、②公正で礼節にかなう人道主義、③インドネシアの統一、④英知に指導され、協議と代議制による民主主義、⑤インドネシア全国民にとっての社会的公正、という表現で定式化された。

一方、同憲法本文の内容は一六章三七条の短いものであった。その規定によれば、国民主権を執行する最高機関は国民協議会（MPR）であり、その議員は国会（DPR）議員と地域および職能代表議員から構成される。国民協議会は少なくとも五年に一度開かれて憲法と国策大綱（GBHN）を定め、正副大統領（任期五年、再選可）を選出するのに対して、国会は少なくとも一年に一度開かれて法律の制定を行なう。行政権の長である大統領は、国会の同意を得て法律を制定するとともに、その施行のために政令を定める権能を持ち、国務大臣の任免権を持つ。

ただしこの憲法公布の時点では国民協議会はまだ存在しなかったので、末尾に設けられた経過規定により、独立準備委員会が初代の正副大統領にそれぞれスカルノ（一九〇一～七〇年。東ジャワ出身）とモハンマド・ハッタ（一九〇二～八〇年。西スマトラ出身）を選出した。

また独立戦争開始後の一九四五年一一月には最初の内閣が組織され、スタン・シャフリル（一九〇九～六六年。西スマトラ出身）が首相に就任した（一九四七年七月まで在任）。

一九四九年までの独立戦争期には、植民地支配の復活をもくろむオランダが首都ジャカルタ（一九四二年に日本軍政下でバタビアから改名）を占領して蘭印民政府（NICA）を組織したため、インドネシア共和国政府は中部ジャワのジョクジャカルタに一九四六年一月から臨時に移転しなければならず、国民協議会や国会を設けることもできなかった。

一九四九年一二月にいったんインドネシア連邦共和国としてオランダ支配を脱すると、新たに連邦共和国暫定憲法が公布され、一九五〇年八月に単一国家インドネシア共和国に統合されると、この連邦共和国暫定憲法を継承したインドネシア共和国暫定憲法（通称一九五〇年暫定憲法）が一九四五年憲法に代わった。

一九五〇年暫定憲法は全部で一四六条から成り、国家の政体を「民主的な法治国」として、一九四五年憲法にはなかった個人の基本的自由権についての詳しい条項を掲げたり、議会を国会（DPR）に一本化して強い権限を与えるなど斬新な内容を持つものであったが、できるだけ早期に国民の選挙により制憲議会（Konstituante）を開きこの暫定憲法に替わる新憲法を作成することも義務づけた。

一九五〇年代末までインドネシアの国政は、この一九五〇年暫定憲法のもとで、もっぱら首相が率いる内閣が舵取りを行なう形で進められた。しかし、多数の政党が乱立して頻繁に内閣が交替するなど政局は不安定だった。当初、影響力の大きい政党は世俗ナショナリズム政党の国民党（PNI）、イスラーム系のマシュミ（Masyumi）、社会民主主義の社会党（PSI）などであったが、独立戦争中の一九四八年に反乱（マディウン事件）を起こしていったん鎮圧された共産党（PKI）が反オランダ・ナショナリズムの高揚とともに復活する一方、改革主義の指導部と対立してマシュミから一九五二年に分裂した伝統主義イスラームのナフダトゥール・ウラマ（NU）が新政党として登場するなどの変動が起きた。

一九五五年に行なわれた独立後最初の国会選挙では、ＰＮＩ、マシュミ、ＮＵ、ＰＫＩの四党がこの順に多くの票と議席を得たが、知識人主体のＰＳＩは少数政党に後退した。ＰＫＩは国会では第四党だったが、労働運動、農民運動など大衆組織の拡大を背景に、一九五七年に行なわれた地方議会選挙ではいっそう党勢を拡大した。

オランダとの対立が深まる一方、一九五六〜五八年にはスマトラとスラウェシの地方軍部が中心となった反乱が起きたが、軍中央がジャワから派遣した部隊によって一九六〇年代初めまでに鎮圧された。このいわゆる外島反乱には途中からマシュミとＰＳＩの指導者たちが加担したために両党は一九六〇年に禁止され、政治の表舞台から姿を消した。外島反乱の鎮圧とナショナリズムの高揚は、一方では軍部の、他方ではＰＫＩの政治的影響力を強めると同時に、次第に両者の対立をも激しいものにしていった。

一方、やはり一九五五年の選挙で成立した制憲議会では新憲法制定の作業に進展が見られなかった。こうした危機的状況の中でスカルノ大統領は、「指導される民主主義」という理念に基づき、一九五九年の大統領令により制憲議会を解散して一九四五年憲法への復帰を断行した。

スカルノはナサコム（NASAKOM）の標語により、ナショナリズム、宗教（agama）、共産主義（komunisme）の三政治勢力の団結を訴え、首相職を廃止して大統領の強いリーダーシップのもとに急進的対外政策を進めたが、一九六〇年代に入ると隣国マレーシアの結成に反対する対決政策の行き詰まりと、放漫財政に起因する超インフレによる経済危機に直面した。その一方、ＰＫＩと軍部主流派およびイスラームとの対立が激化していった。

このような情勢下で一九六五年に発生した軍内容共左派のクーデタ未遂事件（九月三〇日事件）がきっかけとなり、大量殺戮を伴うＰＫＩへの弾圧が始まり、これを押しとどめようとしたスカルノに対する風当たりも強まった。その結果、スカルノは一九六六年三月に大統領としての行政権限を軍部を率いたスハルト（当時は陸軍大臣）に委譲することを強いられ、一九六八年にはついに暫定国民協議会（MPRS）により大統領の地位そのものを解かれて失脚、自宅軟禁状態のまま一九七〇年に逝去した。

写真4-1　クーデタを鎮圧したスハルトと幕僚たち

スハルト時代のインドネシア

一九六六年三月一一日に大統領の行政権を委譲されたスハルト（Suharto. 一九二一～二〇〇八年。中部ジャワ出身）は、翌一二日に共産党禁止令を発令してＰＫＩを非合法化、公的機関からの同党関係者の一斉追放・逮捕を始めるとともに、八月にはマレーシア対決政策を取り下げて国交を正常化し、翌年のＡＳＥＡＮ結成への道筋を開いた（写真４－１）。一九六七年一月には外国投資法が制定され、外資と提携した経済開発への国家戦略の転換が開始された。

一方、同年二月にはオランダのアムステルダムで、世銀、ＩＭＦなど四つの国際機関とアメリカ、日本など一二ヵ国がインドネシア債権国会議（IGGI）を発足させて、インドネシア政府への財政支援の体制が作られた。

同年三月、暫定国民協議会はスカルノから全権を剝奪し、スハルトを大統領代行に任命する決議を行なった。さらに一九六八年三月の暫定国民協議会決議により、スハルトは第二代大統領に就任し、名実ともにスハルト政権の時代が始まった。「旧秩序」に代わる「新秩序」(Orde baru)を名乗り、スカルノ時代の「革命」に代えて「開発」(*pembangunan*)を国策の旗印に掲げたスハルト政権は、一九六九年から最初の開発五ヵ年計画(略称Repelita)を実施した。以後第五次(一九八九〜九三年)まで実施された開発五ヵ年計画は、スハルト政権期に四半世紀にわたって進められた開発政策の屋台骨を成すものとなった(一九九四年からの第六次計画は、一九九七〜九八年のアジア経済危機とスハルト政権そのものの終焉により中断された)。

写真4-2　ゴルカルのシンボルマーク(国民の守護者を象徴するブリンギンの樹を中央に、国民の福利を象徴する稲穂と綿の実を左右にあしらっている)

国策の目標は大きく変わったが、スハルト時代の国家機構は一九四五年憲法復帰後にスカルノが構築しようとした大統領への権力集中の仕組みを継承し、それをいわゆる「開発独裁」のための権威主義的支配体制へと進化させたものだった。そのために活用された政治組織は、スカルノ時代末期の一九六四年に陸軍の支援のもとにＰＫＩへの対抗組織として作られたゴルカル合同書記局であった(写真4－2)。ゴルカル(Golkar)とは「職能グループ」を意味するゴロンガン・カルヤ(Golongan Karya)という語の略称で、様々な職能団体を束ねて結成され、国会(DPR)にも議席を割り振られていた。スハルト政権確立後の一九六九年にそのテコ入れが行なわれ、労働組合(SOKSI)、協同組合(KOSGORO)、互助共済会(MKGR)などを中核組織とする政治組織に再編成された。

一九七一年に独立後二回目、そして一九四五年憲法のもとでは最初の総選挙が行なわれた。ゴルカルも含めて一〇政党が参加したこの選挙で、ゴルカルは得票率六三%、国会議席数三六〇議席中二三六議席を得て圧勝し、スハルトは国民協議会による大統領再選を無事に果たした。

一方、経済面では、一九六〇年代前半に途絶えていた外国投資が急増した。特に製造工業における日本企業と鉱業におけるアメリカ企業の進出が目立った。また一九六八年には単一の国営石油会社プルタミナ(Pertamina)が発足し、一九七三~七四年の第一次オイルショックによる原油価格の高騰も幸いして、インドネシアの石油輸出は急増した(写真4-3)。

写真4-3 ジャカルタのプルタミナ本社ビル

しかし他方では、多くの場合に華人企業と提携しながら進んだ日本の企業進出への反発も生まれ、一九七四年一月の田中角栄首相のジャカルタ訪問に際して暴動が発生し(一月一五日事件)、経済成長の始動の影で政治的社会的不安定要因が潜むことも露呈された(インドネシアではこのジャカルタ暴動をマラリ事件と呼ぶ。マラリMalariとは「一月一五日の災厄」を意味するMalapetaka Limabelas Januariの略で、疫病のマラリアとの語呂合わせになっている)。

スハルト政権はこの不安定状況を、一方ではプリブミ優先策による華人の抑圧により、他方ではパンチャシラ国家イデオロギーによる統制と統治権力の集中、つまり権威主義的支配の強化により克服していった(プリブミ*pribumi*とは「土地っ子」を意味するサンスクリット起源の語で、主に華人など外来系を除く「生粋のインドネシア人」を意味する。のちの一九九〇年代になって華人の経済活動への制限が緩められてからは、この用語は公式には用いられなくなった)。

支配強化の先触れは、一九七三年の政党簡素化政策による野党各党の二政党への統合や、一九七四年の地方行政基本法による地方への統制の強化であった。前者により、イスラーム系の四政党は「開発統一党」(PPP)、世俗ナショナリズムとキリスト教系の五政党は「インドネシア民主党」(PDI)に統合され、一九七七年以降五年ごとに行なわれた総選挙にはゴルカルとこれら二政党しか参加が許されなくなった。

一方、スハルト政権下の地方自治体には一級自治体(州)と二級自治体(県・市)の等級別があり、どの地方自治体議会の選挙も国会選挙と同時に行なわれた。一九七四年の法律のもとでは、各自治体の首長候補は地方議会が選出したが、得票数上位三人の候補から誰を首長に任命するかは中央政府に権限があった。また、どの自治体も財政的には中央政府に極度に依存していた。

権威主義的抑圧の傾向は、一九七七年の第三回総選挙後の反対運動を抑え込んでスハルト三選(一九七八年)を実現した後にいっそう顕著になっていった。この間、二度目のオイルショック(一九七八~七九年)による再度の原油価格上昇にも助けられて、インドネシアは順調な経済成長を続けた。

だが他方では、アチェの分離独立運動の高まりやイスラーム急進主義の浸透などの新しい不安要因も登場した。

これに対して一九七八年からは「パンチャシラの体得と実践のための指針」(略称P4)の講習が全国民に要求され、学校では必修科目としての履修が義務づけられた。さらに一九八二年八月、スハルトはパンチャシラをすべての政治社会勢力の単一原則(*asas tunggal*)とするよう提唱し、一九八五年に公布された政党法と大衆組織法によってそれが実現された。その結果、特定の宗教を政党、大衆組織の根本原則に掲げることはできなくなり、イスラーム勢力の動きに強い制約が加えられることになった。

スハルト政権下では一九七一年から一九九七年まで計六回の総選挙が行なわれたが、公務員組織(KORPRI)と表裏一体となった翼賛組織ゴルカルはいつも六割前後の得票率を得て国会議席の絶対多数を確保し続けた。その上、国会(一九八五年以降の議席数五〇〇)には、軍部代表など選挙によらずに大統領が任命する議員が一〇〇議席を占めており、さらに国民協議会議員(一〇〇〇議席)は国会議員の他にそれと同数の任命議員(地域、グループ代表)から成り、万が一ゴルカルが選挙で敗れても議会が政権に刃向かうことはありえない体制が布かれていた。

一方、政権の経済的基盤について見ると、国有化され

写真4-4　大統領辞任演説を行なうスハルト

た旧オランダ企業を含む国営企業が産業の中枢にあって外資との合弁による民間企業がその周囲を取り巻き、もっぱら石油など一次産品輸出で外貨を稼ぎ、製造工業部門は主に国内市場向けの輸入代替産業が主流、という状態が長く続いた。しかし、一九八〇年代初めになって石油輸出の伸びが止まると同時に、国営企業経営の非効率や輸入代替型工業化の限界も露呈するようになり、民間資本を活用した新たな輸出産業の振興が必須の課題になった。その結果、プリブミ優先政策も次第にトーンダウンし、「コングロメラット」と呼ばれる華人系企業グループが経済成長の牽引力として台頭した。

一九九〇年代に入ると工業化と都市化の勢いが加速され、インドネシアはそれまでの農村型社会から都市型社会へと変貌し始めたが、スハルトを頂点とする権威主義的統治体制はそのまま温存された。その結果、経済発展と並行してスハルト一族と取り巻き企業家たちによる利権の独占や汚職も進むという歪んだ構造が拡大していった。そしてこの歪みは、一九九七年に通貨危機を発端にインドネシアにも襲いかかった「アジア経済危機」により、瞬く間に社会・政治危機をも誘発する結果となった。

一九九八年前半にジャカルタをはじめいくつかの都市で発生した民衆暴動と「汚職・癒着・縁故びいき」(インドネシア語の頭文字をとってKKNと呼ばれた)を糾弾する学生デモの嵐の中で、同年五月にスハルトはついに大統領職を辞任、三〇年以上にわたる東南アジアで最長の不倒記録を誇った政権が終焉を迎えた(写真4-4)。

民主化(レフォルマシ)時代のインドネシア

一九九七年の総選挙を経て成立した一九九八年三月の国民協議会ではスハルト大統領の七選が行なわれたが、それからわずか二ヵ月あまりで彼が辞任すると、憲法の定めによりハビビ副大統領が大統領に昇格した。この暫定新政権のもとで法律改正が行なわれ、翌一九九九年五~六月に出直し総選挙が行なわれた。三政党しか参加が認められなかった従来の総選挙とは異なり、一九九九年総選挙には新たに結成された多数の政党が登場し、全部で実に四八政党が参加して自由な選挙戦が実施された(写真4-5)。

投票の結果、初代大統領スカルノの長女メガワティ・スカルノプトリ(一九四七年~)が党首の闘争民主党(PDIP)が得票数首位で国会五〇〇議席のうち一五三議席を獲得(写真4-6)、旧与党のゴルカル党(一二〇議席)、イスラーム系旧野党の開発統一党(PPP 五八議席)、NU系の新政党、民族覚醒党(PKB 五一議席)、イスラーム改革主義のムハマディヤを支持基盤とするやはり新政党の国民信託

写真4-5　各政党の旗と宣伝用Tシャツを売る露店（1999年5月、西スマトラ）

写真4-6　闘争民主党の総選挙宣伝隊（1999年6月、ジャカルタ）

党（PAN 三四議席）などがこれに続いた（本章末尾の表4－1を参照）。

しかし、一〇月に開かれた国民協議会の新大統領選出では、イスラーム系諸政党を束ねた「中軸連合」派の支持により、民族覚醒党の実質的指導者で元NU議長のアブドゥルラフマン・ワヒド（愛称グス・ドゥル。一九四〇～二〇〇九年）がメガワティを抑えて勝利、敗れたメガワティは副大統領となった。

ワヒド政権は華人に対する抑圧政策の法令を撤廃するなど民主化（インドネシアでは「改革」を意味する欧米語起源のレフォルマシという言葉で表現）の推進に積極的な姿勢を示したが、政局運営をめぐって議会と対立を深め、二〇〇一年七月に任期半ばで国民協議会から解任された。代わってメガワティが大統領に昇格した。

一方、スハルト退陣後には、一九九九年一〇月、二〇〇〇年八月、二〇〇一年一一月、二〇〇二年八月の四回にわたる国民協議会決議により、憲法の大改正が行なわれた。この一連の改正では、全三七条という一九四五年憲法の骨格を維持しながら、各条文の改訂と大幅な補充が行なわれて、その内容は一新された。主な改正点は、次のとおりである。

（1）正副大統領の三選禁止。これで、アメリカと同じように、二期一〇年を超える長期政権の継続は不可能になった。

（2）地方自治権の強化。「単一国家インドネシア共和国の領域は州（*provinsi*）に区分し、さらに州域は県（*kabupaten*）と市（*kota*）に区分する。各州・県・市の行政は法律により定める」と地方自治体のレベルを具体的に定めた上、各地方議会議員の総選挙による選出、各地方首長の民主的選出、各地方の広範な自治権について憲法による明文の規定を設けた。

（3）大統領任命国会議員の廃止。

（4）国会（DPR）の権能強化。以前は「各法律の制定は国会の同意を必要とする」としか定めていなかったのを「国会は法律を制定する権能を持つ」という積極的な規定に改め、「国会は立法、予算編成および監察の機能を有する」としてそのための諸権利について規定を設けた。

（5）人権に関する諸規定の追加。国民の権利について以前は「結社と集会、言論の自由は法律により定める」

という規定しかなかったのを、「基本的人権」という章を設けて一〇箇条から成る新しい条文を挿入し、その内容を細かく定めた。

(6)警察と軍隊の分離。スハルト政権下では陸、海、空軍から成る「国民軍」（略称TNI）とともに「共和国軍」（略称ABRI）の一翼を成すとされていた警察が、陸、海、空軍から分離され文民警察として独立した。

(7)大統領就任資格の変更。以前は「大統領は生粋のインドネシア人である」という規定により華人など外来系住民が排除されていたが、「正副大統領候補は生まれたときからのインドネシア国民でなければならない」という、血統の条件を含まぬ規定に改められた。

(8)正副大統領の直接選挙。以前は「正副大統領は、多数決により国民協議会が選出する」としていたのを、「正副大統領は二人一組の形で国民が直接選出する」と改めた（これにより、最初の直接選挙が二〇〇四年に行なわれた）。

(9)国民協議会による正副大統領罷免権の明記。

(10)国会（DPR）と並ぶ地方代表議会（略称DPD）の新設。その結果、以前より明確な二院制のシステムが形成された。

(11)総選挙に関する条文の新設。総選挙について以前は別個の法律で定め、憲法には規定がなかったのに対して、次の五項目について新たな規定が設けられた。

①五年ごとに総選挙を行なう。

②総選挙により国会議員、地方代表議会議員、正副大統領、地方議会議員の選出をまとめて行なう（写真4－7）（この総選挙の定義は、衆議院選挙だけを総選挙と呼ぶ日本の場合とまったく異なるので注意が必要である）。

③国会議員、地方議会議員の総選挙参加主体は政党である（つまり、すべての候補者は政党を通じて登録され、有権者は政党に投票する）。

④地方代表議会議員の総選挙参加主体は個人である（すべての候補者は個人として登録され、政党は選挙に関与できない）。

⑤総選挙の実施に当たるのは、全国組織で常設、独立機関の総選挙委員会（略称KPU）である。

(12)司法権の独立を明記し、その実施主体を最高裁、一般裁判所、宗教裁判所、軍事裁判所、国家行政裁判所、および新設の憲法裁判所に区分した。また、最高裁裁判官の選任を行なう大統領任命の独立機関として司法委員会を新設した。

(13)国民協議会の議員構成の変更。以前は「国会議員と法律で定める地方およびグループ代表」としていたのを、「総選挙で選ばれた国会議員と地方代表議会議員」に改め、任命議員を全廃した。

(14)教育の権利と義務に関する規定を拡充し、文教予算の重視を明記した。

(15)国家による社会保障制度の充実と保健サービスの提供義務に関する規定を追加した。

ハビビ、ワヒド、メガワティの三政権は政局の荒波にもまれていずれも短命であったが、これら三政権の時期にこそ、以上の多岐にわたる憲法改正が実施され、民主化の骨格が定まったことは無視できない。次に続くユドヨノ政権下の一〇年間における政治の安定と順調な経済発展の達成も、一九九九~二〇〇三年の過渡期におけるこの大改革の礎の上に初めて達成可能であったと言えよう。

写真4-7　総選挙(議会)用投票箱。左から州議会、県・市議会、国会、地方代表議会用

地方自治の強化と発展

憲法改正と前後しながら、地方行政・地方自治に関する一般の法律改正も進められた。まずハビビ政権下の一九九九年五月、新しい地方行政法が公布された。時代の趨勢に適応して「広範、明確で責任ある地方自治」（前文）を実現するために作られた同法は、名ばかりにすぎなかったスハルト政権期の「自治」とは比べものにならないほど強い権限を地方自治体、特に県と市に付与した。また、同じ月に公布された「中央・地方政府間財政均衡法」は地方に大きな財源を保障することによって、それに現実的裏付けを与えた。

ただし、一九九九年地方行政法は県・市に比べ州の権限を弱めすぎたなどの問題があり、メガワティ政権下の二〇〇四年一〇月に再び新しい地方行政法が公布された。この法律では州・県・市の管轄事項と相互関係が旧法より詳しく定められたほか、各地方首長（州知事、県知事および市長）と副首長は、以前のように地方議会が選ぶのではなく国政における正副大統領と同じように「二人一組の形でその地方の住民が直接選出する」ことも定めた（二〇一四年の時点でインドネシア全国には、三四の州、四一六の県、九八の市が存在する。なお、日本と違ってインドネシアの「市」は「県」と同格の自治体である）。

その結果、翌二〇〇五年には全国各地で別個に地方首長選挙が行なわれて直接選挙による新しい民選首長が誕生した。だが、このような地方自治の強化には弊害も伴った。それは、地方首長による金権政治と汚職の蔓延である。かつてスハルト政権期には金権と汚職は中央政府の権力中枢とその周辺に独占・管理されていたが、民主化と地方分権はそれをもっと広い範囲に拡散させることにもなったのである。事実、二〇〇五年以降に地方首長が汚職で摘発される件数は激増した。

また、地方首長選挙に資金がかかり過ぎることも問題とされ、第二次ユドヨノ政権末期の二〇一四年九月に国会が可決した「地方首長選挙法」案では、議会による間接選挙の復活が定められた。ただし、これは世論の強い反発を招いたために大統領権限で棚上げになり、同年一〇月に就任したジョコ・ウィドド新大統領のもとで特別政令という形で直接選挙制へ再復帰し、二〇一五年一二月には初めて全国一斉に統一地方首長選挙が実施された。

このように紆余曲折を伴いながらも、地方自治の強化が後で述べる堅調な経済発展の要因にもなったことは疑いない。

ユドヨノ政権からジョコ・ウィドド政権へ

憲法改正後に最初に行なわれた二〇〇四年総選挙では、前回の一九九九総選挙に比べて政党の参加要件をやや厳しくした結果、二四党が参加して国会選挙（同年五月に投票）が実施された。そのうち議席の獲得に成功したのは一六政党、うちさらに二〇議席以上を確保したのは七政党にとどまった。

前回第一党だった闘争民主党は、一部地方組織の汚職体質が露呈したことなどが原因で得票率を下げ、ゴルカル党に続く第二党に後退した。他方、この選挙では、新たに結成された民主党（Demokrat）が五五議席を得て主要政党に躍り出るとともに、青年層に支持の多いイスラーム系の福祉公正党（PKS）が前回の公正党（PK）から改名して躍進し、四五に議席を伸ばした（表４－１参照）。

次いで同じ年の七月〜九月に行なわれた正副大統領選挙では、五組の候補のうち、闘争民主党が推す現職大統領メガワティおよび元NU議長ハシム・ムザディのペアと、民主党が推す退役陸軍大将スシロ・バンバン・ユドヨノ（元政治・社会・治安担当調整相）および南スラウェシ出身で実業家のユスフ・カラ（元国民福祉担当調整相、のちにゴルカル党首も兼任）のペアとの間で決戦投票が行なわれ、得票率六〇％以上を得た後者が勝利、ユドヨノ新政権が誕生した。

新大統領ユドヨノ（略称SBY。一九四九年〜）は中ジャワとの境に近い東ジャワのパチタン出身で、陸軍士官学校を首席で卒業したエリート将校だったが、英語に堪能でのちに経済開発に関する論文をボゴール農業大学に提出して博士号を授与されるなど学者肌のところがあり、またスハルト一族とは現役軍人時代からも距離を置いていた。

第一次ユドヨノ政権下でアチェ内戦が終結し、一九九〇年代末からマルク、中スラウェシ、西・中カリマンタンなどで頻発していた宗教紛争や種族対立も沈静に向かった。また、社会・政治の安定と並行して経済も年率五〜六％程度の安定成長が続き、一九九七〜九八年のアジア経済危機のときとは対照的に、二〇〇八年のリーマンショックによる世界経済の停滞からもインドネシアはあまり大きな影響を受けなかった。

なお、インドネシアは一九九九年から主要二〇ヵ国・地域（G20）財務大臣・中央銀行総裁会議のメンバーとなったが、二〇〇八年からはその首脳会合（G20金融サミット）にも大統領が出席するようになった。

二〇〇九年総選挙では、また国会選挙（同年四月投票）に参加する政党の数が三八に増えたが、議席を獲得できたのは表4-1に示す九党だけだった。このとき一五〇議席を得て首位に立ったのは、ユドヨノ大統領の直属与党である民主党であり、二位のゴルカル党（一〇七議席）、三位の闘争民主党（九五議席）を大きく引き離した。

さらにこの選挙では、スハルト政権末期に国軍司令官だったウィラント退役陸軍大将が率いるハヌラ党と、スハルトの女婿でやはり同じときに陸軍戦略予備軍司令官の地位にあったが政権奪取を試みたかどで軍から追放されたプラボウォ・スビアントの率いるグリンドラ党が新たに加わり、国会に前者は一八、後者は二六の議席を得た。

同じ年の七月に投票が行なわれた正副大統領選挙は、民主党が推す現職大統領のユドヨノとブディオノ（ジョクジャカルタにある国立ガジャマダ大学の経済学部教授）、闘争民主党の推すメガワティ元大統領とプラボウォ、ゴルカル党の推す現職副大統領のカラとウィラントという三つのペアの争いとなったが、ユドヨノ－ブディオノ組が六〇％以上の得票で圧勝し、第二次ユドヨノ政権が発足した。

第二次ユドヨノ政権下では年率六％を超える、以前にも増して安定した経済成長が続き、当年価格表示の一人当たり国民所得（GNI）も中進国入りの指標とされる三〇〇〇米ドルの線を二〇一一年に超えた（購買力平価による国際ドル表示の一人当たりGDPでは、それより早く二〇〇五年に三〇〇〇ドル超えを達成）。

しかし、二〇一〇年代に入ると長期政権につきものの政治腐敗の問題も次々浮上した。特に与党民主党の財政担当幹部や党首、そして閣僚の汚職疑惑と逮捕（二〇一一～一三年）、またやはり連立与党の福祉公正党党首の牛肉輸入事業をめぐる汚職と逮捕・投獄は、与党への世論の支持を急落させる結果となった。

他方、スラカルタ（ソロ）、スラバヤの市長選挙などでは、闘争民主党所属の候補が当選し、清新な市政により世論の支持を集めた。特に二〇〇五年に就任したスラカルタ市長のジョコ・ウィドド（略称ジョコウィ）の人気は高く、二〇一二年には首都のジャカルタ首都特別州知事選挙に出馬して現職を破り、次に述べる二〇一四年総選挙では、州知事任期半ばで大統領候補となり国政の頂点へと登り詰めることになった。

二〇一四年総選挙では、政党の選挙参加資格要件を厳しくしたため、国会選挙（四月投票）には一二政党だけが参加し、そのうち一〇党だけが議席を獲得した（表4－1）。ジョコウィの人気に乗った闘争民主党が一〇九議席を得て一五年ぶりに第一党に返り咲き、ゴルカル党（九一議席）が議席を減らしながらも第二党の地位を確保した。プラボウォの率いるグリンドラ党が七三議席、ゴルカルを割って出た実業家のスルヤ・パローが率いる新党ナスデムが三五議席を得て躍進する一方、汚職問題でイメージを悪くした民主党と福祉公正党は大きく後退した。

七月に投票が行なわれた正副大統領選挙では、党首らが汚職で有罪となりユドヨノの後継者がいなくなった民主党は候補を推すことができず、闘争民主党の推すジョコウィとユスフ・カラ（元副大統領）、グリンドラ党が推すプラボウォとハッタ・ラジャサ（国民信託党党首、前経済担当調整相）の二つのペアの争いとなった。接戦の末、ジ

表4-1　4回の総選挙における主要政党別国会議席獲得数

1999年			2004年			2009年			2014年		
順位	政党名(略称)	議席数	順位	政党名(略称)	議席数	順位	政党名(略称)	議席数	順位	政党名(略称)	議席数
1	PDIP	153	1	Golkar	128	1	Demokrat	150	1	PDIP	109
2	Golkar	120	2	PDIP	109	2	Golkar	107	2	Golkar	91
3	PPP	58	3	PPP	58	3	PDIP	95	3	Gerindra	73
4	PKB	51	4	Demokrat	55	4	PKS	57	4	Demokrat	61
5	PAN	34	5	PAN	53	5	PAN	43	5	PAN	49
6	PBB	13	6	PKB	52	6	PPP	37	6	PKB	47
7	PK	7	7	PKS	45	7	PKB	27	7	PKS	40
その他13党		26	その他 9党		50	8	Gerindra	26	8	PPP	39
その他28党		0	その他 8党		0	9	Hanura	18	9	Nasdem	35
軍・警察会派(任命)		38				その他29党		0	10	Hanura	16
									その他 2党		0
合計		500	合計		550	合計		560	合計		560

Demokrat = Partai Demokrat(民主党) ／ Gerindra = Partai Gerakan Indonesia Raya(グリンドラ党、または大インドネシア運動党) ／ Golkar = Partai Golongan Karya(ゴルカル党) ／ Hanura = Partai Hati Nurani Rakyat(ハヌラ党、または国民誠心党) ／ Nasdem = Partai Nasional Demokrat (ナスデム党、または民主国民党) ／★ PAN = Partai Amanat Nasional(国民信託党) ／ ★ PBB = Partai Bulan Bintang(月星党) ／ PDIP = Partai Demokrasi Indonesia Perjuangan(闘争民主党) ／ ★ PK = Partai Keadilan(公正党、または正義党。PKSの前身) ／ ★ PKB = Partai Kebangkitan Bangsa(民族覚醒党) ／ ★ PKS = Partai Keadilan Sejahtera(福祉公正党、または福祉正義党) ／ ★ PPP = Partai Persatuan Pembangunan(開発統一党)
以上のうち、★印はイスラーム系政党

ヨコウィ－カラ組が得票率五三%あまりで勝利し、二〇一四年一〇月から新政権が発足した。

新大統領ジョコ・ウィドド（一九六一年〜）は、中ジャワのスラカルタ市出身でガジャマダ大学の林学部を卒業し、国営林業公社で勤務したあと家業の木工家具製造業を継いで、これを欧米への輸出企業にまで育てることに成功したあと政界入りした。ジャワ族の平民（ウォン・チリック *wong cilik*）出身でインドネシアの国立大学を卒業し、軍歴のない民間企業家で、地方首長経験者という履歴は、これまでにない斬新なタイプの指導者であることを示しており、新政権がどのような治績をあげるか、今後の推移が注目される（スカルノとユドヨノ、また対立候補だったプラボウォはいずれもプリヤイ *priyayi* と呼ばれるジャワ貴族の家系である。スハルトは平民の出だが、夫人に王家の血が流れていると称し、プリヤイ風の装いをこらすのに熱心だった。やはりジャワ族のワヒド——愛称グス・ドゥル——はプリヤイではないが、それに匹敵する名門宗教指導者——キヤイ *kiyai* と呼ばれる——の家系だった）。

5 経済と産業

一九八〇年代から アジア経済危機に見舞われる一九九七年まで最も成長が目立ったのは、輸入代替から輸出振興へと重点が移動した製造工業である。一九九一年に製造工業の対GDP構成比は二〇%を超え、農林漁業を初めて上回った。それがピーク(二七%弱)に達したのは、一九九七年だった。対GDP構成比の点からは、一九九〇年代にインドネシアは農業国から工業国に転換したと言ってよい。

経済成長の軌跡

植民地時代のインドネシアは、オランダを筆頭に欧米資本が支配するプランテーションや鉱業企業が経済の基幹部門をなし、これらの一次産品輸出産業に関連する限られた業種以外の製造工業は未発達で、多くの工業製品は輸入に頼る構造がつくられていた。インドネシア独立後の一九五〇年代後半に、オランダ企業は接収、国有化されたが、プランテーションや鉱業が中心で製造工業は未発達という産業構造には大きな変化が起きなかった。また、スカルノ政権末期の一九六〇年代前半には猛烈なインフレなどによる経済の混乱と停滞が著しくなった。一九六〇年代後半に「開発」を国策の基本目標に掲げるスハルト政権が登場してから、ようやくインドネシアでは持続的な経済成長が始まり工業化も進み始めた。

図5−Aは、一九七〇年から二〇一四年までの毎年におけるＧＤＰ（国内総生産）の実質成長率の推移をグラフで示したものだ。開発政策が軌道に乗り始めた一九七〇年から一九八〇年までの一〇年間に、二度のオイルショックによる原油価格の高騰に助けられた石油輸出の急増も幸いして、インドネシアは年平均七％前後の順調な経済成長を経験した。この間に日本など外国企業の直接投資も進んだために、いわゆる輸入代替工業の発展にもはずみがついた。

しかし、一九八〇年代に入ると国際石油価格が低迷する一方、国内の石油消費も急増してきたために石油輸出の増加にはブレーキがかかりだした。また、輸入代替中心の工業化にも限界が見え始めた。そのため、一九八〇年代前半の年平均成長率は五％以下に後退した。

この停滞を打開するため、民間企業の活動に対する様々な規制緩和措置や石油・天然ガス以外の商品輸出に対する振興策が一九八〇年代半ば以降に打ち出された。これらの施策が功を奏して、一九八〇年代末から九〇年代の初めのＧＤＰ成長率は七％前後に回復した（図5−Aでは一九九四年の成長率が一七％を超す高さになっているが、これはＧＤＰ統計の作成方法の変更などに伴う誤差のためで、実勢はこれよりも低かった）。

この好調は一九九六年まで続いたが、一九九七年七月のタイにおける通貨下落を発端とするアジア経済危機が

図5-A　GDP実質成長率の推移(1970 ～ 2014年)　　（出典）*Statisitik Indonesia* 各年版のデータをもとに作成

八月からインドネシアにも伝播すると、同年末までに最悪のルピア通貨と株価の下落に見舞われて社会・政治危機をも誘発し、翌一九九八年五月のスハルト大統領辞任にまで及んだ。このため、一九九八年のＧＤＰ成長率は大きくマイナスに陥った。

しかし、一九九九年から事態は少しずつ好転し、経済・政治の両面にわたる数々の改革断行によって二〇〇四年以降の成長率は再び五％以上の水準に回復した。二〇〇八年のいわゆるリーマンショックによる世界的な不況のために二〇〇九年の成長率は五％を割り込んだが、アジア経済危機のときとは違ってその影響は軽微であり、二〇一〇年、一一年の成長率は六％を超えた。

その後は中国経済の減速などの影響でインドネシアの成長率もやや落ちているものの、本稿執筆中の二〇一六年四月までまずまず安定した発展の軌道が持続している。

所得の上昇と中進国への転換

四〇年間を超える経済成長の結果、インドネシアの一人当たり国民所得も徐々に向上した。表5―1は、世界銀行のデータにより一九九〇年から二〇一三年までのインドネシアと近隣四国および中国の一人当たり純国民所得の推移を見たものである。

一九九〇年の一人当たり所得は五〇〇米ドルあまりで、中国やベトナムよりは高かったがフィリピンより少し低く、工業化と経済発展が先行したマレーシアやタイには大きく水をあけられていた。アジア経済危機による後退の傷跡がまだ癒えない二〇〇〇年の一人当たり所得も六〇〇ドル足らずで、改革・開放政策により経済成長が加速し始めた中国に追い抜かれた。

しかしその後は、二〇〇六年に一三〇〇ドル、二〇一〇年には二七〇〇ドルを超える成長を遂げてフィリピンを追い抜いた。二〇一三年における一人当たり所得は三二〇〇ドルを超えて、かつて水をあけられていたタイとの差は縮まりつつある。平均所得水準から測れば、インドネシアは既に開発途上国から抜け出て中進国の仲間入りを果たしたと言える。

一九七〇年代後半からインドネシア政府（中央統計庁）は、最低限の生活水準を満たすのに必要と考えられる所得額を「貧困線」と定め、実際の所得が貧困線に達していない人々を「貧困人口」としてその統計的把握を行なってきた。表5―2では、その結果を一九七六年から二〇一四年までの間の数年について示した。二一世紀に入ってから絶対数で見ても百分比で見ても貧困人口の減少が進んでいることが分かる。かつてインドネシアの都市の街頭では物乞いをする人々の姿を目にすることが多かったが、最近そのような機会は格段に減ってきている。このことからも、貧困人口の減少が実感される。

だがその一方で、世界銀行の推計値によれば所得の不平等度を示すジニ係数は二〇〇四年の〇・三二から二〇一〇年の〇・三六へと上昇の傾向を示しており、階層格差は広がりつつあると見られる。

持続的な経済成長の達成には、国民の教育水準の向上が大きな役割を果たした。表5―3は、かつて人口センサス（日本で言う国勢調査）が実施された一九七一、一九九〇、二〇一〇年の三つの年について、学歴別の労働人口を計算し比較したものである。

一九七一年には、全労働人口の四割以上が全く就学経験のない人々から成り、高校卒業以上の学歴を持つ労働人口は三％以下に過ぎなかった（なおインドネシアの小・中・高等学校は、日本と同じく六三三制である）。しかし、一九九〇年には就学経験のない労働人口は一五％以下に減り、高卒以上のそれはほぼ一二％にまで増加した。さらに最新の人口センサス実施年である二〇一〇年のデータを見ると、就学経験のない労働人口は五％未満となる一方、高卒以上が三〇％を超えた。短大卒業以上の高学歴者も、一九七一年にはわずか〇・五％にも満たなかったが、二〇一〇年には八％近くにまで増加している。

表5-1 インドネシアと近隣4国および中国の1人当たり純国民所得（NNI）推移（当年価格、米ドル）

	1990年	2000年	2006年	2010年	2013年
インドネシア	**517**	**601**	**1,309**	**2,736**	**3,205**
マレーシア	1,813	2,933	4,628	6,858	8,356
タイ	1,297	1,526	2,392	3,684	4,206
ベトナム	80	380	617	1,015	1,463
フィリピン	639	1,129	1,569	2,558	2,987
中国	270	800	1,675	3,531	5,470

（出典）World Bank, World Development Indicators.

表5-2 貧困人口推移

年	貧困人口 （100万人）			貧困人口比率 （%）		
	都市部	農村部	合計	都市部	農村部	合計
1976	10.0	44.2	54.2	38.8	40.4	40.1
1996	9.4	24.6	34.0	13.4	19.8	17.5
1998	17.6	31.9	49.5	21.9	25.7	24.2
2002	13.3	25.1	38.4	14.5	22.4	19.1
2006	14.5	24.8	39.3	13.5	21.8	17.8
2010	11.1	19.9	31.0	9.9	16.6	13.3
2014	10.4	17.4	27.7	8.2	13.8	11.0

（出典）1976年: *Statistik Indonesia 2003*, Jakarta, Badan Pusat Statistik (BPS), 2004 ／ 1996年以降: *Statistik Indonesia 2015*, Jakarta, Badan Pusat Statistik (BPS), 2015.

表5-3 学歴別労働人口構成（%）の推移

学歴	1971年	1990年	2010年
大学卒および同等	0.24	0.74	4.85
短大卒および同等	0.24	1.07	2.79
高校卒	2.45	10.13	22.91
中学校卒	4.04	9.62	19.07
小学校卒	21.83	36.85	28.94
小学校未卒	28.53	26.68	16.64
就学経験なし	42.67	14.90	4.79

（注）1971年：人口センサスによる集計値から計算。／1990年：全国労働力調査（Sakernas）による集計値から計算。／2010年：全国労働力調査（Sakernas）による集計値から計算。
（出典）1971年：*Statistik Indonesia 1975*, Jakarta, Biro Pusat Statistik, 1976. ／1990年：*Statistik Indonesia 1990*, Jakarta, Biro Pusat Statistik, 1991. ／2010年：*Statistik Indonesia 2011*, Jakarta, Badan Pusat Statistik, 2011.

産業構造の変化

半世紀近い経済成長の過程で、産業構造にも大きい変化が起きた。図5-Bは、スハルト政権下で第一次開発五ヵ年計画が始まった一九六九年から二〇一四年までの四五年間に、GDPに占める農林漁業、鉱業、製造工業の構成比がどのように変化したのかをグラフで示したものである。

一九六九年にGDPの半分近くを占め断然首位の産業だった農林漁業は、一九八〇年までに二五%を切るまでに後退した。反対に、同じ期間に地位が急上昇したのは、主に石油生産から成る鉱業だった。一九七三年と一九七九年の二回のオイルショックを経て鉱業の対GDP構成比は一九八〇年には二五%を超え、わずかながら農林漁業を上回るに至った。同じ期間に製造工業の対GDP構成比も一九六九年の九%強から一九八〇年には一二%弱に上昇したが、その勢いは鉱業の伸びに比べてずっとゆるやかだった。この時代のインドネシアの花形産業は石油だったのである。

ところが一九八〇年代に入ると石油主導の経済成長は維持できなくなり、鉱業の対GDP構成比も一九八五年以後は一五%未満に、そして一九九四年からは一〇%未満に下降した。反面、農林漁業の対GDP構成比下降のペースはかなりゆるやかになり、一九九〇年代に入ってようやく二〇%以下となった。これは、アブラヤシ農園、養殖漁業など新しいタイプの産業が農林漁業部門の中で成長してきたからである。

しかし、一九八〇年代からアジア経済危機に見舞われる一九九七年まで最も成長が目立ったのは、輸入代替から輸出振興へと重点が移動した製造工業である。一九九一年に製造工業の対GDP構成比は二〇%を超え、農林漁業を初めて上回った。それがピーク（二七%弱）に達したのは、一九九七年だった。対GDP構成比の点からは、一九九〇年代にインドネシアは農業国から工業国に転換したと言ってよい。

二〇世紀から二一世紀への変わり目に、変化の趨勢は再び変化した。製造工業の対GDP構成比は二〇〇一年に二六%を記録したのち下降に転じ、二〇一〇年以降は二〇%を切ってしまった。農林漁業の下降のペースはい

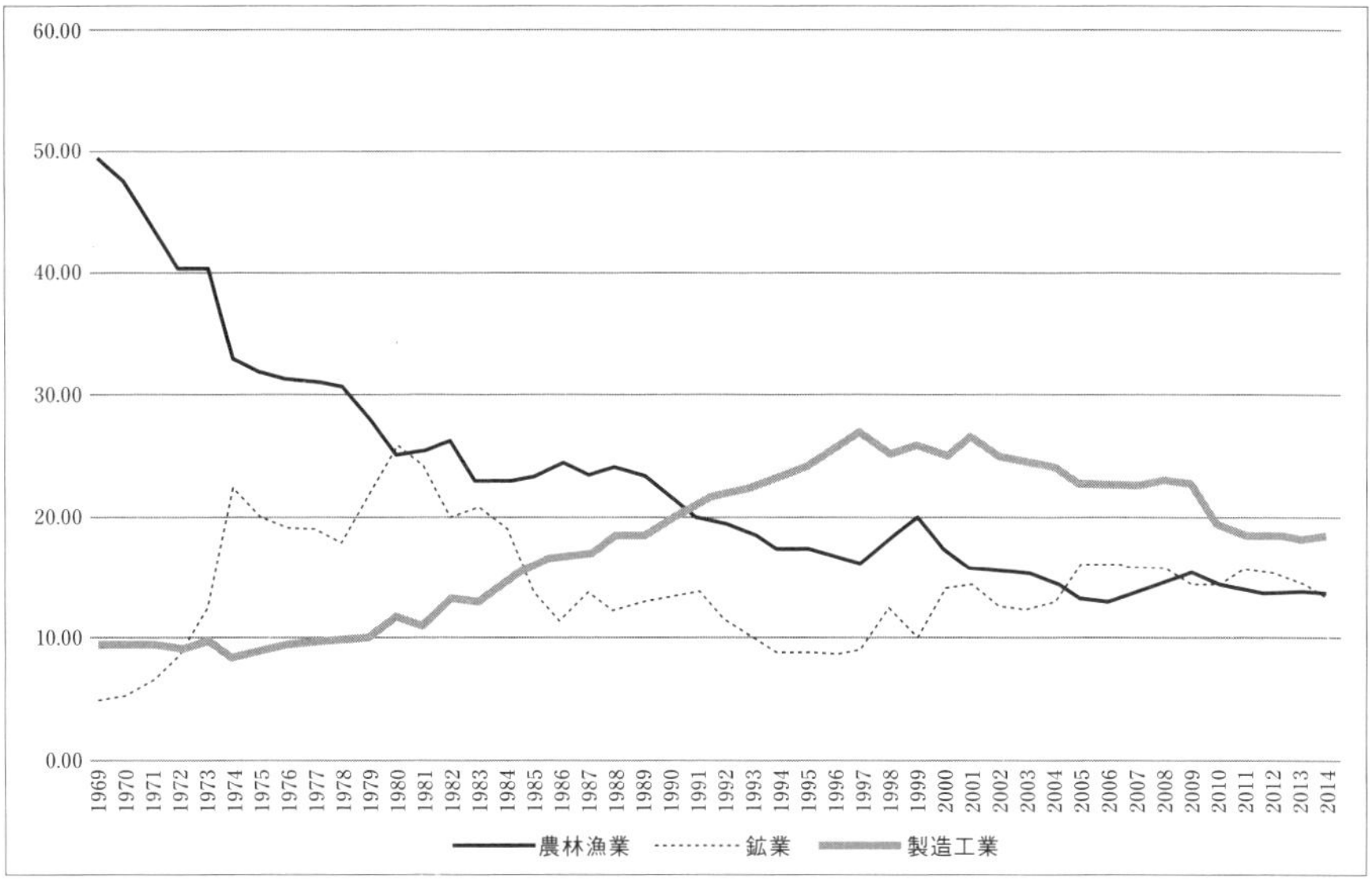

図5-B　農林漁業・鉱業・製造工業の対GDP構成比(%) 推移(1969 ～ 2014年)

（出典）*Statisitik Indonesia* 各年版のデータをもとに作成

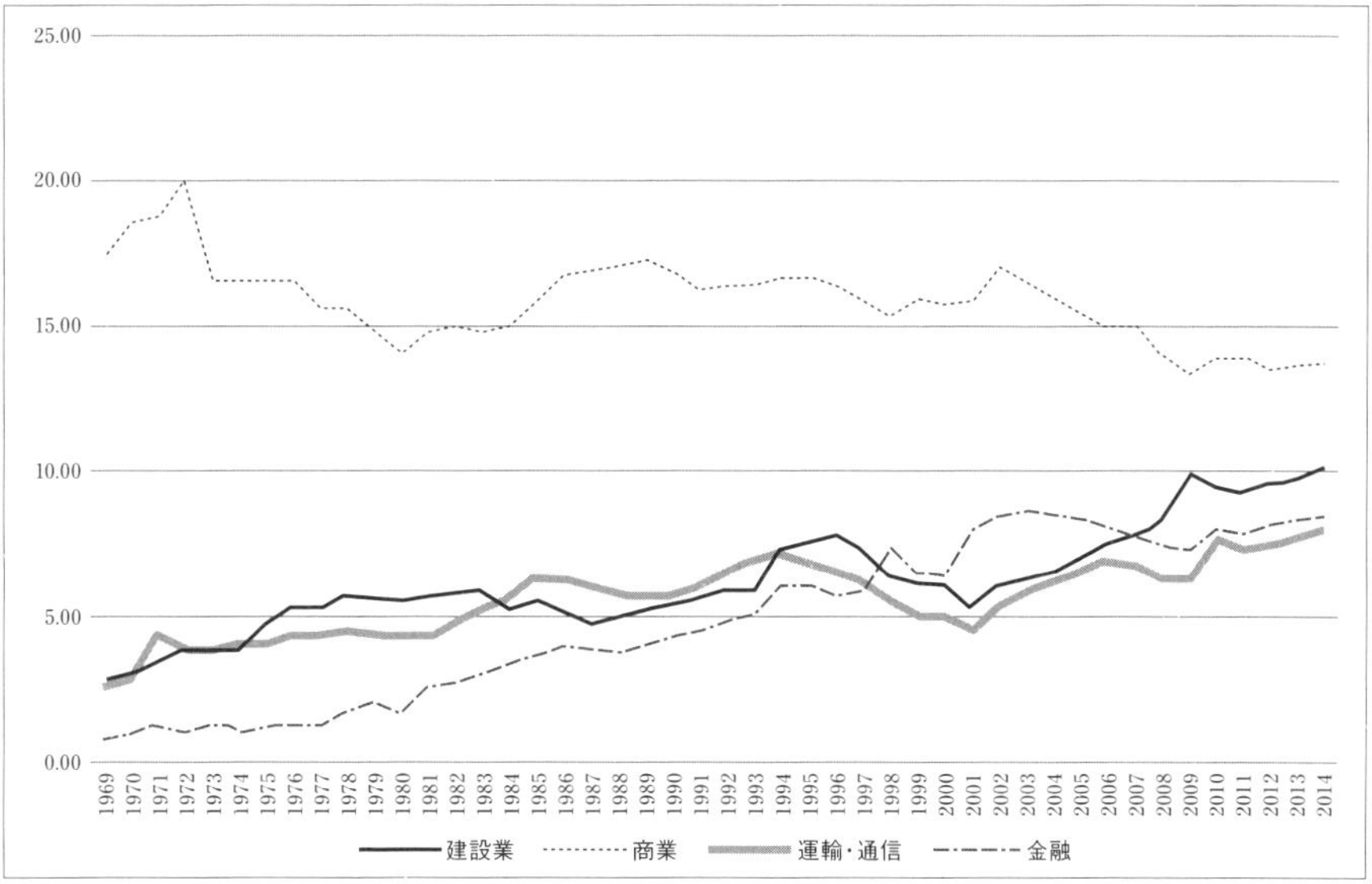

図5-C　建設業、商業、運輸・通信業、金融業の対GDP構成比(%) 推移(1969 ～ 2014年)

（出典）*Statisitik Indonesia* 各年版のデータをもとに作成

写真5-1　スラウェシ島赤道直下の村に立つ無線通信アンテナ

っそう緩やかになり、二〇一四年になっても一三%以上のレベルを保っている。また鉱業は、主に後で見る石炭の増産のために一九九七年から比率が再上昇し、二一世紀に入ってからは農林漁業とほぼ同じ一二〜一六%の範囲で推移している。つまり、二一世紀の安定成長期に、皮肉にも製造工業は主導部門としての地位を失ったのである。

一方、建設業とふつう第三次産業に分類される商業、運輸・通信業、金融業の対GDP構成比の変化を見たのが、図5-Cである。商業は一貫してGDPの一五%前後を占める重要産業だが、その構成比はやや低下の傾向が見られる。これに比べて、建設業、運輸・通信業、金融業の成長は著しい。一九六〇年代末にはこれら三部門の対GDP構成比の合計は七%に満たなかったが、二〇一四年には二六%以上になっている。特に二一世紀に入ってからの経済成長の主な牽引力は、この三部門だったと言えるかも知れない。

過去一五年ほどのあいだのビル、店舗、住宅など近代建築の激増、携帯電話の爆発的普及、地方の小都市にまで及ぶ銀行ATMの全国的拡大などを見れば、これは容易に納得がいく（写真5-1）。

農林水産業、鉱業、製造工業の細目

農林水産業、鉱業、製造工業の内容を、細目に分けて示したのが表5－4である。まず農林水産業の中では、アブラヤシ（写真5－2）、ゴム、コーヒー、茶（写真5－3）など各種プランテーション作物の付加価値生産額が最も大きい。ただし、「プランテーション作物」といっても、ゴムやコーヒーは、農園企業よりも農民による生産量の方が多く、パーム油の原料となるアブラヤシの場合も、農民による生産の比率が年々高くなっている。

食用作物生産の中で最も重要なのは、もちろん米作である。インドネシアの米生産量（籾米ベース）は、一九七一年の二六四〇万トンから二〇一四年には七〇八〇万トンにまで増加した。この増加率は人口のそれよりも大きい。トウモロコシ、キャッサバ、大豆、落花生などの作物も重要だが、その生産量の伸び方は米に比べて目立たない。特に大豆は、インドネシア人が毎日のように食べるタフ（豆腐）、テンペ（写真5－4）などの加工食品の原料としてとても重要だが、最近は輸入品に押されて生産

表5-4　GDPに占める農林水産業、鉱業、製造工業の細目

（2012年、当年価格により計算）

	付加価値生産額（1兆ルピア）	GDPに占める比率（%）
GDP 総額	86,157	100.00
農林水産業合計	11,523	13.37
食用作物生産	3,057	3.55
園芸作物生産	1,251	1.45
プランテーション作物生産	3,234	3.75
畜産	1,306	1.52
その他の農業	174	0.20
林業・製材業	659	0.76
水産業	1,843	2.14
鉱業・採掘業合計	10,003	11.61
原油・天然ガス・地熱鉱業	4,929	5.72
石炭・亜炭鉱業	2,705	3.14
金属鉱業	1,008	1.17
その他	1,360	1.58
製造工業合計	18,482	21.45
石炭・石油・天然ガス加工業	2,984	3.46
食品・飲料製造業	4,578	5.31
繊維工業・衣服製造業	1,166	1.35
化学工業・医薬品製造業	1,435	1.67
金属製品・電気機械器具・光学機械器具製造業	1,630	1.89
輸送用機械器具製造業	1,664	1.93
その他	5,026	5.83

（出典）*Statistik Indonesia 2015*, Badan Pusat Statistik, Jakarta, 2015.

写真5-2 アブラヤシ農園(スマトラ・リアウ州)

写真5-3 茶のプランテーション(北スマトラ州)

写真5-4　タフ(豆腐、左)とテンペ(右)

写真5-5　バンデン(学名*Chanos chanos*)は英語ではミルクフィッシュ、台湾ではサバヒー、フィリピンではバングス(bangus)と呼ばれる東南アジアの代表的養殖魚

表5-5　主な農産物の生産量と近隣諸国との比較

		インドネシア	ベトナム	タイ	フィリピン	マレーシア
米（2014年）	収穫面積（1000ha）	13,797	7,816	10,835	4,740	690
	Haあたり収量（トン）	5.1	5.8	3.0	4.0	3.8
	生産量（1000トン）	70,846	44,974	32,620	18,968	2,645
茶（2013年、1000トン）		インドネシア	ベトナム	マレーシア	タイ	フィリピン
		148.1	214.3	18.4	75.0	—
コーヒー（〃）		インドネシア	ベトナム	フィリピン	タイ	マレーシア
		698.9	1,461.0	78.4	50.0	16.6
天然ゴム（〃）		インドネシア	タイ	ベトナム	マレーシア	フィリピン
		3,108	3,863	949	826	111
パーム油（〃）		インドネシア	マレーシア	タイ	フィリピン	ベトナム
		26,896	19,216	1,970	106	—

（出典）FAO Statistical Database

が減っている。

食用作物生産に次いで重要なのは水産業である。そのうち過去数十年間に成長が著しかったのは、エビ、ミルクフィッシュ（バンデン *bandeng*）などの養殖漁業である（写真5－5）。養鶏などの畜産、そして野菜・果物などの園芸作物生産がそれに次いでいる。プランテーション作物を含め、最近のインドネシアの主な農産物の生産量と近隣四国との比較を表5－5に掲げておく。

鉱業・採掘業では、主に石油と天然ガスから成る「原油・天然ガス・地熱鉱業」の付加価値生産額が最も大きい。しかし、二一世紀のインドネシアの石油生産量はこれまでのところ減産を繰り返している。反面、国内の石油消費の増加は著しい。そのため、石油の輸入量の方が輸出量を二〇〇四年以降上回るようになり、その差（純輸入量）が年々拡大している。しかし天然ガスの場合は、まだ輸出余力がある。石油とは逆に生産と輸出の増加が目立つのは、付加価値生産額では二番目の「石炭・亜炭鉱業」に計上されている石炭である（写真5－6）。こちらは生産量のおよそ七割が輸出に充てられている。最大の輸出先はインド、次いで中国である。また、「金属鉱業」に分類されている鉱産物で重要なのは、スズ、銅、ニッケルなどである。いずれも大半が輸出されているが、主な輸出先は、スズ、ニッケルが中国、銅は日本と中国である。

製造工業のうち付加価値生産額が最大なのは食品・飲料製造業であり、エネルギー資源がらみの石炭・石油・天然ガス加工業がこれに次ぐ。金属製品・電気機械器

写真5-6　石炭の露天掘り（東カリマンタン州）

写真5-7　インドネシアの工場で製造された日本ブランドのデジカメ

写真5-8　インドミー社製インスタント麺パッケージ

表5-6　インスタントラーメンの世界総需要　（2015年5月13日現在）

	国名／地域	2010年	2011年	2012年	2013年	2014年
1	中国／香港	423.0	424.7	440.3	462.2	444.0
2	インドネシア	144.0	145.3	147.5	149.0	134.3
3	日本	52.9	55.1	54.1	55.2	55.0
4	インド	29.4	35.3	43.6	49.8	53.4
5	ベトナム	48.2	49.0	50.6	52.0	50.0
6	アメリカ	41.8	42.7	43.4	43.5	42.8
7	韓国	34.1	35.9	35.2	36.3	35.9
8	タイ	27.1	28.8	29.6	30.2	30.7
9	フィリピン	27.0	28.4	27.2	27.2	28.0
—	その他	131.2	136.8	143.4	151.1	153.3
合　計		958.7	982.0	1014.9	1056.5	1027.4

単位：億食（袋めん／カップめん）　世界ラーメン協会（WINA）推定
（出典）http://instantnoodles.org/jp/noodles/market.html（2016年4月7日参照）

具・光学機械器具製造業や輸送用機械器具製造業の比率は、マレーシア、タイなど近隣の工業化先発国に比べてまだ低いが、今後はもっと増えてくる可能性がある（写真5-7）。

食品・飲料製造業の中で特に重要なのは、インスタント麺の製造業だろう（写真5-8）。日本に本部のある世界ラーメン協会（WINA）の資料によれば、インドネシアは中国に次ぐ世界第二のインスタントラーメン消費大国である（表5-6）。そして、日本の日清食品株式会社が音頭を取る世界ラーメン協会の有力会員企業でもあるインドフード社（本社ジャカルタ）は、単一企業では世界最大のインスタント麺生産量を誇っている。しかし、インスタント麺の主要原料である小麦は、熱帯に位置するインドネシアでは栽培できない。そのため、インドネシアの小麦輸入量は年々増加の一途をたどっている。表5-7は、インドネシア、フィリピン、マレーシアの米と小麦の輸入量推移を、日本と比較して示したものである。植民地時代からプランテーション産業が発達したこれら三国では主食である米が自給できず、タイ、ベトナム、そしてかつてはミャンマー（旧英領ビルマ）からも大量の米を輸入してきた。しかし、麺とパンの消費が増えてきた最近は、日本と同じく小麦の輸入量が米の輸入量をはるかに上回るようになった。特にインドネシアの小麦輸入量は、二〇一二年以降日本を超えて増え続けている（小麦の主な輸入元はオーストラリアである）。

表5-7　米と小麦の輸入量推移　（単位：1000トン）

	2001年	2006年	2011年	2012年	2013年
米輸入量					
インドネシア	640	456	2,745	1,802	472
フィリピン	811	1,716	706	1,008	399
マレーシア	525	820	1,031	1,005	890
日本	633	606	742	627	690
小麦輸入量					
インドネシア	2,718	4,584	5,605	6,250	6,738
フィリピン	2,891	2,756	2,767	2,996	2,473
マレーシア	1,208	2,132	1,142	1,029	768
日本	5,521	5,337	6,214	5,970	6,199

（出典）FAO Statistical Database.

　インドフード社は巨大企業だが、食品・飲料製造業企業の大半は中小企業である。そこで製造工業全体につき、企業（事業所）の規模別に、二〇〇〇年と二〇一三年における事業所数、就業者数、総産出額を集計したのが表5-8だ。日本の中小企業基本法における「中小企業者」（製造業では常時使用従業員三〇〇人以下）および「小規模企業者」（同二〇人以下）の定義とは異なり、インドネシアでは製造工業事業所の規模を「大規模」（就業者数一〇〇人以上）、「中規模」（二〇～九九人）、「小規模」（五～一九人）、「零細」（一～四人）の四種に区分している。表5-8は、この定義に基づいて作られている。二〇〇〇年と二〇一三年のデータを比較すると、「大・中規模」と「零細」工業の事業所数、就業者数の増加は割合ゆるやかなのに比べて、

「小規模」工業の事業所、就業者の増加が目覚ましいことが分かる。日本では「小規模企業者」として「中小企業」以下の零細企業と見なされているような事業所の急増が、インドネシア工業の成長を支えていることはとても興味深い事実と言えよう。

表5-8　規模別製造工業事業所数、就業者数、総産出額　（当年価格）

	大・中規模	小規模	零細
1事業所あたり就業者数	大規模：100人以上 中規模：20～99人	5～19人	1～4人
2000年			
事業所数	22,174	240,088	2,358,616
就業者数	4,366,816	1,799,290	4,492,151
総産出額(10億ルピア)	628,808	28,726	28,593
2013年			
事業所数	23,698	531,351	2,887,015
就業者数	5,004,912	4,325,254	5,408,857
総産出額(10億ルピア)	3,289,204	327,107	162,792

(出典) 2000年：*Statistik Indonesia 2003*, Badan Pusat Statistik, Jakarta, 2004.
2013年：*Statistik Indonesia 2015*, Badan Pusat Statistik, Jakarta, 2015.

直接投資の推移

各種産業部門における企業活動の拡大に大きな役割を演じているのは、いうまでもなく直接投資、つまり株式の取得と工場などの建設によって事業を行なうことを目的に企業が行なう投資である。インドネシアにおける直接投資は制度上、インドネシア籍企業による国内投資と外国籍企業による外国投資に二分されているが、どちらもその実施には政府の投資調整庁による許認可が必要であり、それぞれ毎年の投資実績件数と合計投資額が公表されている。表5-9は、その投資額の推移をアジア経済危機後の二〇〇二年から二〇一四年までの期間について示したものだ。国内投資額はルピア、外国投資額は米ドルを単位に計上されているので、米ドルに対するルピアの毎年の平均交換レートによって国内投資額を米ドルに換算し、金額を外国投資額と比較できるようにした。国内投資額(米ドル換算)、外国投資額ともに大きく伸びていること、また国内投資額が外国投資額の三～四倍に達していることが確認できる。直接投資の主役は、今や

表5-9　直接投資実績額推移

年	国内投資（兆ルピア）［A］	外国投資（10億米ドル）［B］	米ドルに対するルピアの平均交換レート［C］	米ドル換算国内投資額（10億米ドル）［D］	国内投資額対外国投資額比率［D/B］
2002	12.5	3.1	9,260	13.5	4.35
2003	12.2	5.4	8,570	14.2	2.64
2004	15.4	4.6	8,985	17.1	3.73
2005	30.7	8.9	9,705	31.6	3.55
2006	20.8	6.0	9,200	22.6	3.77
2007	34.9	10.3	9,125	38.2	3.71
2008	20.4	14.9	9,666	21.1	1.42
2009	37.8	10.8	9,447	40.0	3.70
2010	60.6	16.2	9,036	67.1	4.14
2011	76.0	19.5	9,113	83.4	4.28
2012	92.2	24.6	9,718	94.9	3.86
2013	128.1	28.6	12,250	104.6	3.66
2014	156.1	28.5	12,550	124.4	4.36

（出典）2002 ～ 2010年のAとB：*Statisitik Indonesia 2011*, Jakarta, Badan Pusat Statisitik, 2011.
2011 ～ 2014年のAとB：*Statisitik Indonesia 2015*, Jakarta, Badan Pusat Statisitik, 2015.
交換レート（C）：https://id.wikipedia.org/wiki/Rupiah［2016/04/08］

表5-10　出資国・地域別外国直接投資実績額　（2010 ～ 2014年の累計額）

国別	10億米ドル	国別	10億米ドル
シンガポール	260.5	香港	20.4
日本	121.0	オーストラリア	19.2
アメリカ	73.9	台湾	14.5
韓国	68.3	その他の諸国	181.8
オランダ	55.8	複数国の共同投資	315.6
イギリス	42.9		
		合計	1,174.0

（出典）　下記2著のデータから計算。
Statisitik Indonesia 2013, Jakarta, Badan Pusat Statisitik, 2013.
Statisitik Indonesia 2015, Jakarta, Badan Pusat Statisitik, 2015.

国内企業なのである。

さらに表5－10は、国別の外国投資実績額を二〇一〇年から二〇一四年までの五年間について累計したものである。投資額首位はシンガポール、第二位は日本である。ただしシンガポールからの投資には、本社をシンガポールに移したインドネシアの華人系大企業や多国籍企業が含まれるので、すべてを純シンガポール資本の投資と考えると実態を見誤るだろう。日本に続くのはアメリカ、韓国、オランダ、イギリスで、これらはいずれも一九七〇～八〇年代以降インドネシアとの経済関係が深かった国ばかりだ。最近、主に貿易を通じてインドネシアとの経済的関わりを急速に強めている中国からの直接投資は実績額がまだ少なくて、この表には計上されていない。今後、中国からの直接投資がどれだけ増えるかどうかは興味ある観察テーマである。

外国貿易

この章のしめくくりとして、外国貿易の様子を見ておこう。まず表5－11は、二〇〇一年から二〇一四年までの四つの年度について、相手国別の輸出額推移を見たものである。一国単位の最大の輸出先は一貫して日本だが、シンガポールをはじめとする近隣ASEAN諸国と中国への輸出額の増加が著しい。アメリカ、韓国、台湾などへの輸出も伸びている。

次に表5－12は、同じ年度について相手国別の輸入額推移を示している。二〇〇一年には日本が最大の輸入元だったが、二〇一〇年までにその地位はシンガポールと中国に取って代わられた。二〇一四年に一国単位では中国が最大の輸入元だが、ASEAN諸国からの輸入額合計は中国よりもだいぶ多い。対中国貿易の急増にもまして、輸出入ともASEAN域内貿易の拡大が最近のインドネシアの貿易構造の大きな変化である。これは、二〇一五年末のASEAN経済共同体結成に象徴される東南アジア域内の国際分業体制の広がりと深まりを示すもの

表5-11　相手国別輸出額推移　（10億米ドル）

国　別	2001年	2005年	2010年	2014年
シンガポール	53.6	78.4	137.2	167.3
マレーシア	17.8	34.3	93.6	97.3
タイ	10.6	22.5	45.7	57.8
その他のASEAN諸国	13.0	23.1	57.0	74.3
日本	130.1	180.5	257.8	231.2
韓国	37.7	70.9	125.7	106.0
中国	22.0	66.6	156.9	176.1
台湾	21.9	24.8	48.4	64.3
アメリカ	77.5	98.7	142.7	165.3
オーストラリア	18.4	22.3	42.4	49.5
オランダ	15.0	22.3	37.2	39.8
イギリス	13.8	12.9	16.9	16.6
ドイツ	13.0	17.8	29.8	28.2
その他のEU諸国	38.8	50.2	87.3	84.3
その他の諸国	79.9	131.5	299.1	401.9
輸出額計	563.2	856.7	1,577.8	1,759.8

（出典）2001年：International trade statistics compiled by BPS (CD-ROM version).／2005年：*Statistik Indonesia 2009*, Jakarta, Badan Pusat Statistik (BPS), 2009.／2010, 2014年：*Statistik Indonesia 2015*, Jakarta, Badan Pusat Statistik (BPS), 2015.

表5-12　相手国別輸入額推移　（10億米ドル）

国　別	2001年	2005年	2010年	2014年
シンガポール	31.5	94.7	202.4	251.9
マレーシア	10.1	21.5	86.5	108.6
タイ	9.9	34.5	74.7	97.8
その他のASEAN諸国	3.2	19.7	25.5	49.0
日本	46.9	69.1	169.7	170.1
韓国	22.1	28.7	77.0	118.5
中国	18.4	58.4	204.2	306.2
台湾	n.a.	n.a.	n.a.	n.a.
アメリカ	32.1	38.8	94.0	81.7
オーストラリア	18.1	25.7	41.0	56.5
オランダ	3.4	3.7	6.8	9.1
イギリス	6.4	6.5	9.4	8.9
ドイツ	13.0	17.8	30.1	40.9
その他のEU諸国	18.4	30.3	52.4	68.0
その他の諸国	76.1	127.7	283.0	414.6
輸入額計	309.6	577.0	1,356.6	1,781.8

（出典）表5-11と同じ。

と言える。

表5-13によってやはり同じ年度の輸出入帳尻を国別に見ると、相手国ごとにトレンドが違うことに気づく。古くからの貿易相手である日本、アメリカ、オランダとの貿易は一貫して黒字、つまり輸出が輸入を上回っている。これに対して、中国、シンガポール、タイ、韓国との貿易は最近赤字に転換した。特に、工業製品輸入の急増による対中貿易の赤字拡大は、今後の動きが気になるところである。輸出入総額で見ても、二〇〇五年までは黒字基調を保ってきたが、二〇一〇年からは赤字に陥っている。かりに中国からインドネシアの製造工業への直接投資により製造拠点の移動が起きれば、対中貿易の赤

表5-13　相手国別輸出入額帳尻　（10億米ドル）

国　別	2001年	2005年	2010年	2014年
シンガポール	22.2	－16.3	－65.2	－84.6
マレーシア	7.7	12.8	7.1	－11.3
タイ	0.8	－12.0	－29.0	－40.0
その他のASEAN諸国	9.8	3.4	31.4	25.2
日本	83.2	111.4	88.2	61.1
韓国	15.6	42.2	48.7	－12.5
中国	3.6	8.2	－47.3	－130.2
台湾	n.a.	n.a.	n.a.	n.a.
アメリカ	45.4	59.9	48.7	83.6
オーストラリア	0.3	－3.4	1.5	－7.0
オランダ	11.5	18.6	30.4	30.8
イギリス	7.4	6.5	7.6	7.6
ドイツ	－0.0	0.0	－0.2	－12.7
その他のEU諸国	20.5	19.9	34.9	16.3
その他の諸国	3.7	3.8	16.1	－12.7
輸出入総額帳尻	253.6	279.7	221.2	－22.0

（出典）表5-11, 12のデータから計算。

字は解消の方向へ向かうだろう。だが、先ほど見たようにまだその兆しははっきり現れていない。

貿易品目別の構成はどうなっているだろうか。表5－14が、主な輸出品と輸出先を示している。単品では最も輸出額の多い石炭の首位輸出先はインド、二位は中国、そして三位が日本である。中国は世界最大の石炭生産国だが、もっか世界最大の石炭輸出国であるインドネシアからたくさんの石炭を買っている。中国の過剰な石炭消費がこの統計からも読み取れる。日本のインドネシアからの石炭輸入は主に発電用である。

やはりインドネシアが世界最大の輸出国であるパーム油（アブラヤシを原料とする食用油だが、洗剤などの化学製品やバイオ燃料にも転用できる）の主要輸出先もインドと中国、次いでパキスタンである。天然ガスと石油原油の首位輸出先は、一九七〇年代から最近までずっと日本である。

戦前から重要なプランテーション産品だった天然ゴムの首位輸出先は一貫してアメリカだが、最近はタイヤ産業の勃興が著しい日本、中国、韓国への輸出も増えている。

先進国からの工場移転によりインドネシアからの輸出が増えてきた電気製品は中継貿易国シンガポールが首位の、次いで日本が第二位の輸出先になっている。

一方、表5－15は主な輸入品と輸入元を示している。インドネシアは産油国であるにもかかわらず、既に述べた事情から石油・石油製品の輸入が輸出を大きく上回っている。最大の輸入元は、皮肉なことに、石油の採れな

表5-14　主な輸出品と輸出先(2014年)

輸出品	相手国別輸出額　(100万米ドル)					
	第1位	第2位	第3位	第4位		
石炭	インド 5,673	中国 4,726	日本 2,594	韓国 1,877	その他 5,950	合計 20,819
パーム油	インド 3,635	中国 1,790	パキスタン 1,354	オランダ 909	その他 9,777	合計 17,465
天然ガス	日本 5,004	フィリピン 4,888	韓国 3,851	タイ 1,947	その他 1,491	合計 17,180
石油原油	日本 3,356	シンガポール 1,297	オーストラリア 1,249	タイ 775	その他 2,539	合計 9,215
石油製品	マレーシア 2,405	シンガポール 478	韓国 268	日本 192	その他 281	合計 3,624
天然ゴム	アメリカ 1,024	日本 716	中国 664	韓国 284	その他 1,852	合計 4,540
銅鉱石	日本 432	中国 382	インド 339	スペイン 298	その他 233	合計 1,684
電気製品	シンガポール 1,823	日本 1,072	アメリカ 613	タイ 301	その他 2,451	合計 6,259
オーディオ・ビジュアル製品	アメリカ 676	シンガポール 309	韓国 268	オランダ 184	その他 1,734	合計 3,169
紙・紙製品	アメリカ 428	日本 396	マレーシア 280	ベトナム 233	その他 2,443	合計 3,780
合板	日本 744	中国 532	アメリカ 151	サウジアラビア 151	その他 794	合計 2,373

(出典) 次のデータから計算。*Statistik Indonesia 2015*, Jakarta, Badan Pusat Statistik(BPS), 2015.

表5-15　主な輸入品と輸入元(2014年)

輸入品	相手国別輸入額　(100万米ドル)					
	第1位	第2位	第3位	第4位		
石油・石油製品	シンガポール 15,035	サウジアラビア 5,547	マレーシア 5,077	韓国 4,091	その他 13,710	合計 43,460
産業用機械	中国 3,689	日本 2,324	シンガポール 941	ドイツ 933	その他 4,405	合計 12,292
電気通信機器	中国 3,984	韓国 327	マレーシア 296	フィンランド 270	その他 2,134	合計 7,011
自動車	タイ 1,001	日本 556	ドイツ 159	インド 133	その他 481	合計 2,329
鉄管・鋼管	中国 437	日本 310	シンガポール 229	韓国 144	その他 671	合計 1,790
肥料	中国 445	カナダ 442	ロシア 196	マレーシア 132	その他 606	合計 1,822
米	タイ 175	ベトナム 144	インド 34	パキスタン 24	その他 11	合計 388

次のデータから計算。*Statistik Indonesia 2015*, Jakarta, Badan Pusat Statistik(BPS), 2015.

写真5-9 ジャカルタの乗合オート三輪車「バジャイ」

い隣国シンガポールである。これは主に、シンガポールで精製・加工された、またはシンガポール経由で供給される石油製品を大量に輸入しているためである。

産業用機械は、以前は大半が日本からの輸入だったが、今は中国からの輸入が上回っている。電気通信機器は、携帯電話などの輸入により中国からの輸入額が圧倒的に首位に立っている。鉄鋼・鋼管、(化学)肥料も、今は中国が首位の輸入元になった。インドネシアの対中国貿易は、主に一次産品を輸出して工業製品を輸入し、帳尻は赤字という問題含みの構造になっている。

自動車の最大の輸入元が日本でもドイツでもなく、タイなのは興味深い。その中身は明らかにタイの工場で生産された日本車の輸入である。またインドから輸入されている自動車とは、首都ジャカルタで乗合タクシーに利用されている小型のオート三輪車である。インドではバジャージ(Bajaj)の商標で呼ばれるこの三輪車は、ジャカルタでは誤って「バジャイ」の発音で広く知られている(写真5−9)。

輸出入額合計のＧＤＰに対する比率を貿易依存度、輸出額だけの対ＧＤＰ比率を輸出依存度と呼ぶ。その国の

写真5-10　国際出稼ぎに出発する女性労働者たち（ジャカルタ空港で）

経済が外国貿易にどのくらい依存しているかを示す指標としてよく用いられる。インドネシアの貿易依存度、輸出依存度はどのくらいだろうか。表5-16に、二〇一四年のデータを、東南アジアの近隣四国と日本を含む東アジア三国とともに示した。

意外に思われるかも知れないが、この表の八ヵ国の中で貿易／輸出依存度が一番低いのは、早くから「貿易立国」を唱えてきた日本である。日本経済は、広く深い国内市場に強く依存しているのだ。その次に依存度が低いのは、フィリピン、中国、インドネシアである。インドネシア経済もまた、国内市場に依存する度合いが、マレーシア、タイ、ベトナムより格段に強い。日本もそうだが、国外の状況への感度が低いということは、インドネシア経済の弱みであるが同時に強

表5-16　インドネシアの貿易／輸出依存度と国際比較
（2014年、単位 %）

国　別	貿易依存度	輸出依存度
インドネシア	41.0	21.2
マレーシア	128.2	70.4
タイ	104.8	55.4
ベトナム	159.7	80.4
フィリピン	39.1	16.8
日本	32.7	15.2
韓国	81.2	43.9
中国	40.3	22.3

（資料）GLOBAL NOTE　（出典）UNCTAD

みでもある。

なおフィリピンの貿易依存度、特に輸出依存度が低いのは、同国経済が国際出稼ぎによる労働力の輸出に大きく依存していることと裏腹の関係にある。インドネシアも（主にシンガポール、マレーシア、中東、東アジアへの）国際出稼ぎが多いが、その人数はフィリピンほどではない。同じ東南アジアでも、国により経済事情には大きな違いがあることが、これらの統計からも見えてくる（写真5－10）。

アチェ州都バンダアチェ市のバイトゥラフマン大モスク（Mesjid Raya Baiturrahman）。17世紀に建てられ、1870年代にオランダにより破壊・再建された。（写真提供：インドネシア共和国観光省）

南スマトラ州都パレンバン市内のムシ川を走るモーター付き川舟。

鉄道の駅前で客待ちをするベチャ(輪タク)。
ジャカルタ郊外のデポック市(西ジャワ州)で。

19世紀前半に開かれたジャカルタの伝統的商店街パサールバル。

村の鍛冶屋。（ジョクジャカルタ特別州グヌンキドゥル県）

バティック（ジャワ更紗）布のろうけつ染めをする女性の職人。（ジョクジャカルタ市）

ジャワの棚田。
（中ジャワ州プカロンガン県）

村の渡し船。（中ジャワ州プマラン県）
日本では50年以上前に消えた光景がまだインドネシアでは見られる。

観光客にもよく知られたバリ島の舞踏劇ケチャック
ダンス。（写真提供：インドネシア共和国観光省）

市場（パサール）の魚売り。
（北スラウェシ州トモホン市）

ロンボク島ギリ・メノ（メノ島）の海岸で。
（写真提供：インドネシア共和国観光省）

西カリマンタン州都ポンティアナック市のジャミー・モスク（Mesjid Jami）。1771年にカプアス河畔に建てられた。

対岸のテルナテ島から見た北マルク州のティドーレ島。

東カリマンタン州バリクパパン市の石油精製工場。

パプア州の高地住民。コテカと呼ばれるペニスケースを着けている。
（写真提供：インドネシア共和国観光省）

イカット（絣布）を織るフローレス島の女性。
（写真提供：日本アセアンセンター）

6 対外関係

一九六七年八月に、タイ、マレーシア、シンガポール、インドネシア、フィリピンの五ヵ国の指導者がバンコクで会合し、ＡＳＥＡＮ（東南アジア諸国連合）の結成を宣言し、その事務局はジャカルタに置かれることになった。

オランダ支配からの脱却と対米関係

一九四五年八月一七日に独立を宣言したインドネシアは、同年九月から独立戦争に突入した。戦闘が続く一方でインドネシア政府は、翌一九四六年四月に最初の使節団をオランダに派遣して独立達成のための外交交渉をも開始した。また、一九四七年にはシンガポール、バンコク、ニューデリーの三都市に代表事務所を設置して、オランダによる封鎖政策に対抗した。

同年三月、イギリスの仲介により西部ジャワの避暑地リンガルジャティで開かれた会談の結果、オランダはジャワ、マドゥラの二島についてインドネシア共和国（Republik Indonesia: RI）の主権を認める和平協定が結ばれた。しかし、この協定はわずか四ヵ月で破綻して戦闘が再開された。次いで一九四八年一月には、ジャカルタのタンジュンプリウク港に寄港したアメリカの軍艦レンヴィル号の艦上で行なわれた会談の結果、中部ジャワを中心にジャワとスマトラの一部だけを共和国の領土として認める停戦協定が結ばれた。

しかし、同年九月に東部ジャワ西端のマディウンでインドネシア共産党の影響下にある共和国軍部隊が反乱を起こして鎮圧される（マディウン事件）という事態が生じ、共和国内部の足並みの乱れが露呈された。これを好機と見たオランダが同年末に軍事攻撃を再開して共和国の首都だったジョクジャカルタを占領、スカルノ、ハッタら共和国首脳を拉致したために、和平は再び瓦解した。

これに対して共和国側は臨時政府を樹立し、ゲリラ戦による抵抗を継続した。一方、東西冷戦の開始という国際環境の変化のもとで、共産党反乱を鎮圧した共和国政府に好感を持ったアメリカを中心とするオランダへの国際的圧力も強まった。また一九四九年一月にはインドのニューデリーでオーストラリアを含むアジア諸国が開催した国際会議で、オランダ軍の撤退とインドネシアへの完全な主権委譲を求める声明が行なわれた。これを受けて同月二八日には、オランダの軍事行動停止と交渉再開を促す国連安保理決議が採択された。同年七月上旬の停戦協定を経て八月下旬から一一月にかけて、ハーグで大きな円卓を囲む会議が行なわれ、一二月二七日にオランダがインドネシア連邦共和国（Republik Indonesia Serikat:

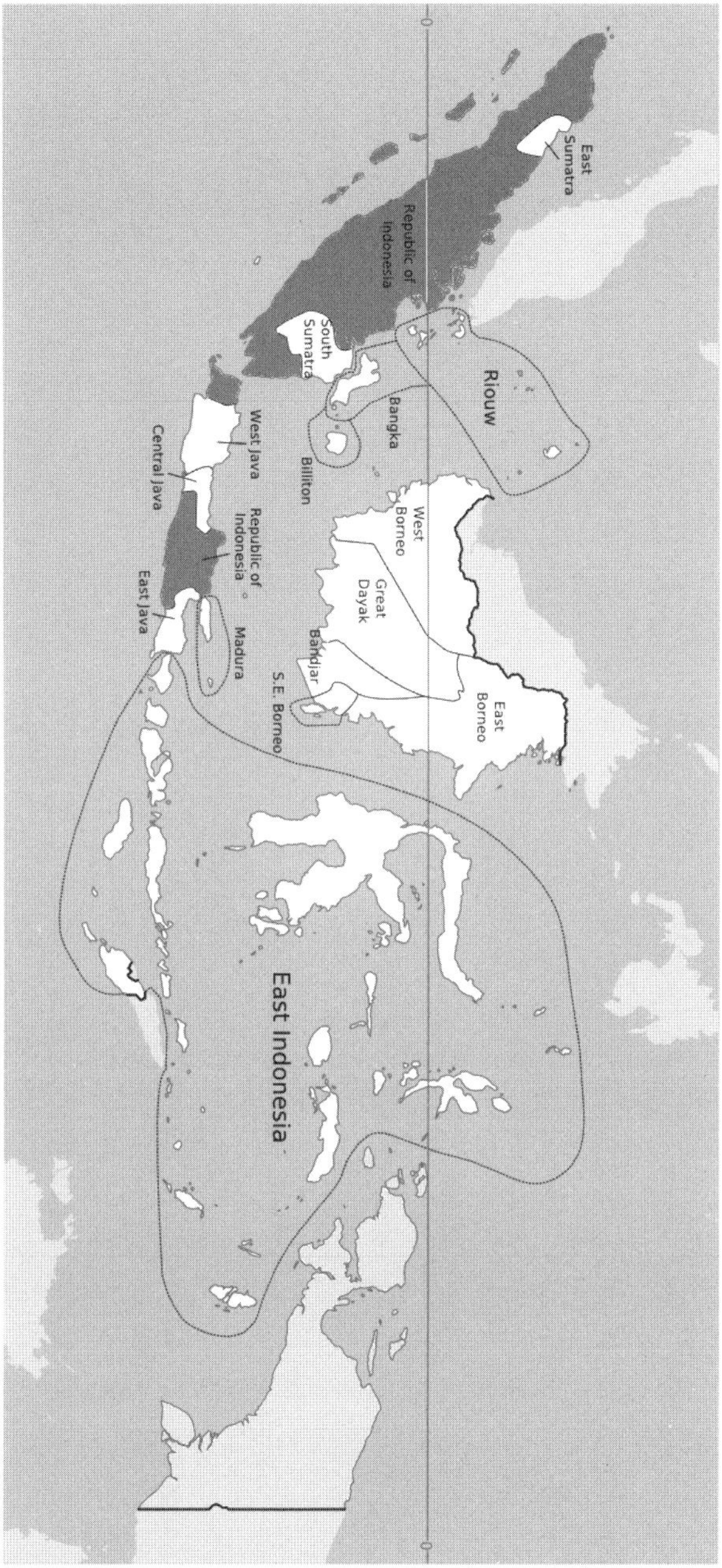

写真6-1　インドネシア連邦共和国(RIS) 地図。1950年8月に単一のインドネシア共和国(RI) に統合、解消

写真6-2　ジャカルタに建てられた西イリアン解放記念碑

RIS）に主権を委譲する協定（ハーグ円卓協定）が結ばれて独立戦争は終わった（写真6－1）。

インドネシア共和国とともにこの連邦共和国を構成した多数の地方政権はオランダが後ろ盾のものだったが、一九五〇年のうちにすべて解散され、単一のインドネシア共和国に吸収された。しかし、国内にはなお多くのオランダの権益が残ったうえ、西ニューギニア（西イリアン）はオランダ領のままだったために、オランダとの対立は再び激しくなっていった。そのため一九五六年にはハーグ円卓協定の破棄を通告して「オランダ・インドネシア連合」を解消、さらに一九五七年からのオランダ企業接収・国有化を経て、一九六〇年八月には国交を断絶、六一年一二月には西イリアン解放の軍事作戦が開始された。翌六二年にニューヨークで結ばれた協定により、オランダは同地方の施政権を国連暫定統治機構（ＵＮＴＥＡ）に委譲、六三年にはさらに国連が施政権をインドネシアに委譲してこの問題には一応の決着がつけられた（写真6－2）。

一九六五年の九月三〇日事件を転機にスカルノからスハルトへの政権交代が進むとともに、オランダを含む当時の西側諸国との関係も修復が進み、一九六七年二月にはスハルト政権への金融支援のためのインドネシア債権国会議（IGGI）がアムステルダムで開催され、オランダはその議長国となった。この公的支援をてこに開発政策の遂行を国策目標に掲げたスハルト政権の閣僚には、アメリカで教育を受けた経済テクノクラートたちが登用された（同政権下では国軍幹部将校のアメリカ留学も増えていった）。

また、やはり一九六七年には外国投資法が制定・公布されたが、同法による投資認可第一号案件となったのは、アメリカのフリーポート・マクモラン社による西イリア

写真6-3 グラスベルグ銅鉱山(パプア)

ンのグラスベルグ銅鉱山の探査・採掘権の取得であった(写真6―3)。同鉱山の鉱床は一九三〇年代にオランダ人により発見されたが、一九五〇年代末からはアメリカ人による調査が進められていたのである。

また、かつては英蘭合同資本であるロイヤル・ダッチ・シェル社の支配下にあったインドネシアの石油鉱業も、一九六〇年代前半にシェル社が撤退してからは主にアメリカのカルテックス社がインドネシア政府から探査・採掘の事業を請け負うようになっていった。

このように、オランダが退くのと並行してアメリカの影響が強く及ぶようになったのが、独立後インドネシアの対外関係における変化の特徴の一つであった。

非同盟政策と「自主・積極」外交

　オランダの植民地支配から脱却する一方でアメリカの落とす影が濃くなったとはいえ、第二次大戦後に米ソ対立を軸に深まった東西冷戦の構図の中で、インドネシアがアメリカの率いる西側陣営に組みしたというわけではなかった。独立後のインドネシアの外交政策の基本原則を提示したとされるのは、独立戦争期に国会の役割を果たした中央インドネシア国民委員会（KNIP）の作業部会でハッタ副大統領兼首相が一九四八年九月に行なった演説である。この演説でハッタは、米ソ両陣営のいずれにも属さず、国際政治においては自らの利益に基づいて常に主体的に振る舞うことをインドネシアの対外政策の原則とした。この立場はのちに、米ソ両ブロックのどちらにも属さず軍事同盟は締結しない、他方では立場を同じくするアジア・アフリカ諸国とともに国連（インドネシアは一九五〇年九月に加盟）などで世界平和の構築のために努力する、という「自主・積極」（*bebas dan aktif*）の原則として定式化された。

　インドネシアの「自主・積極」外交が最初に大きく花開いたのは、一九五〇年代半ばである。一九五四年四月～五月に、インド、セイロン（現スリランカ）、インドネシア、パキスタン、ビルマ（現ミャンマー）の五ヵ国がコロンボで国際会議を開き、第一次インドシナ戦争の停止とベトナム、カンボジア、ラオスの完全独立支持、植民地主義への反対、中華人民共和国の承認、モロッコ、チュニジアの独立支持、原水爆禁止などを提唱した。このコロンボ会議の席上、インドネシアのアリ・サストロアミジョヨ首相が行なった提案により、翌一九五五年四月にバンドンでアジア・アフリカの二九ヵ国が参加する国際会議が開かれ、平和一〇原則の宣言と非同盟ブロックの形成が打ち出された。スカルノ、ネルー（インド）、ナセル（エジプト）、エンクルマ（ガーナ）、チトー（ユーゴスラビア）などの指導者に率いられたこの第一回アジア・アフリカ会議（通称バンドン会議）ののち、その精神を引き継ぐ形で以後一九六一年から二〇一五年までに全部で一七回の非同盟諸国首脳会議が催されることになった（写真6－4）。

　しかしこの非同盟諸国の結束は、一貫して揺るぎない

写真6-4　第1回アジア・アフリカ会議（バンドン、1955年）の指導者たち（左からネルー、エンクルマ、ナセル、スカルノ、チトー）

ものであったとは言えなかった。その一つは、インドネシアのように共産主義と絶縁する国とキューバのように当時のソ連との提携を深める国との路線上の相違が、特に一九六〇年代後半から非同盟諸国内部で露わになったことである。さらにインドネシアの場合には、一九七〇年代半ばからの東ティモール問題の存在が大きな障害となった。一九七五年一二月のインドネシアによる東ティモール侵攻とその後の自国領への編入は、非同盟諸国会議と国連の双方で非難を浴びたからである。

だが、一九九〇年のソ連邦崩壊による東西冷戦の終焉と、スハルト政権崩壊後の一九九九年に行なわれた国連管理下の住民投票結果に基づく東ティモールの分離と独立（二〇〇二年）が、結果的にこの障害を取り除くことになった。第一次ユドヨノ政権下の二〇〇五年四月には、バンドン会議五〇周年を記念する「アジア・アフリカ首脳会議」が同じバンドンで開催され、「新しいアジア・アフリカ戦略的パートナーシップ」が提唱された。この会議にはアジアから五四ヵ国、アフリカから五三ヵ国が参加し、うち日本の小泉首相を含む八九ヵ国の首脳が出席した。

写真6-5　アジア・アフリカ首脳会議(バンドン、2015年)

またジョコ・ウィドド政権下の二〇一五年四月には六〇周年記念の「アジア・アフリカ首脳会議」がジャカルタとバンドンで開催され、「世界の平和と繁栄のための南々協力の促進」が提唱された。この会議にはアジアから五六ヵ国、アフリカから五三ヵ国が参加し、うち日本の安倍首相を含む八九ヵ国の首脳が出席した(写真6－5)。

東西冷戦の時代は終わったが、どの国とも軍事同盟は結ばず、アジア・アフリカ諸国の連帯と世界平和のために主体的に行動する、というインドネシア外交の「自主・積極」原則は現在まで引き継がれていると言える。

写真6-6　ムシ川にかかるアンペラ橋（パレンバン市、日本の賠償プロジェクトで建設）

対日関係

第二次大戦後に独立したインドネシアと日本との国交は、一九五八年一月にジャカルタで締結された「日本国とインドネシア共和国との間の平和条約」および「日本国とインドネシア共和国との間の賠償協定」（ともに同年四月に批准され発効）によって開始された。奇しくも、一九五七年末からオランダ企業接収・国有化が開始された直後のことであった。この賠償協定に基づき、日本政府は一九七〇年までの一二年間に総額八〇三億八八〇万円（二億二三〇八万米ドル）相当の生産物と役務を賠償としてインドネシア政府に供与することが定められた。この協定に基づき実施されたいわゆる賠償プロジェクトの主なものとしては、以下が挙げられる。

- ブランタス川（東ジャワ州）およびリアムカナン川（南カリマンタン州）などの河川総合開発計画
- ムシ川（南スマトラ州パレンバン市）のアンペラ橋建設（写真6－6）
- ジャカルタのウィスマ・ヌサンタラ・ビル建設

・ホテル・インドネシア（ジャカルタ）、アンバルクモ・ホテル（ジョクジャカルタ）、サムドラ・ビーチ・ホテル（西ジャワ州プラブハン・ラトゥ）、バリ・ビーチ・ホテル（デンパサール）の建設
・国営サリナ・デパート（ジャカルタ）の建設
・製紙工場、綿紡績工場、合板工場などの建設
・船舶、自動車、土木機械などの機械類供与

この賠償プロジェクト実施を皮切りにインドネシアと日本の経済関係は広がり始めたが、一九六一年七月に調印され一九六三年二月の批准書交換により発効した「日本国とインドネシア共和国との間の友好通商条約」は、両国間の貿易の拡大に大きな役割を演じた。ちなみに、日本の商社筋の仲介で一九五九年にインドネシアへ渡ったデヴィ夫人（日本名根本七保子）が、当時のスカルノ大統領と正式に結婚し第三夫人となったのは一九六二年のことである（写真6－7）。

スカルノの失脚とスハルト政権の成立後も、インドネシアと日本の経済関係はますます深まった。最も大きな絆は、日本からの製造工業企業直接投資とインドネシアから日本への資源輸出、特に石油と天然ガスの輸出であった。一九六七年の外国投資法制定後、石油の探査・採掘や既に述べた西イリアン（現パプア）の銅鉱山など鉱業資源開発には主にアメリカ系企業の投資が進んだが、繊維、自動車、化学など製造工業には主に日系企業の直接投資が急速に展開した。また一九六〇年代末から石油・石油製品、一九七〇年代末からは天然ガスの対日輸出が急増し（図6－A・B）、石油・石油製品の場合は一九七〇年代から九〇年代の初めまで多いときには全輸出額の七割以上、少ない年でも四割以上を占めるに至った。また天然ガスの場合は、多い年にはほとんど一〇〇％、少な

写真6-7　デヴィ夫人とスカルノ

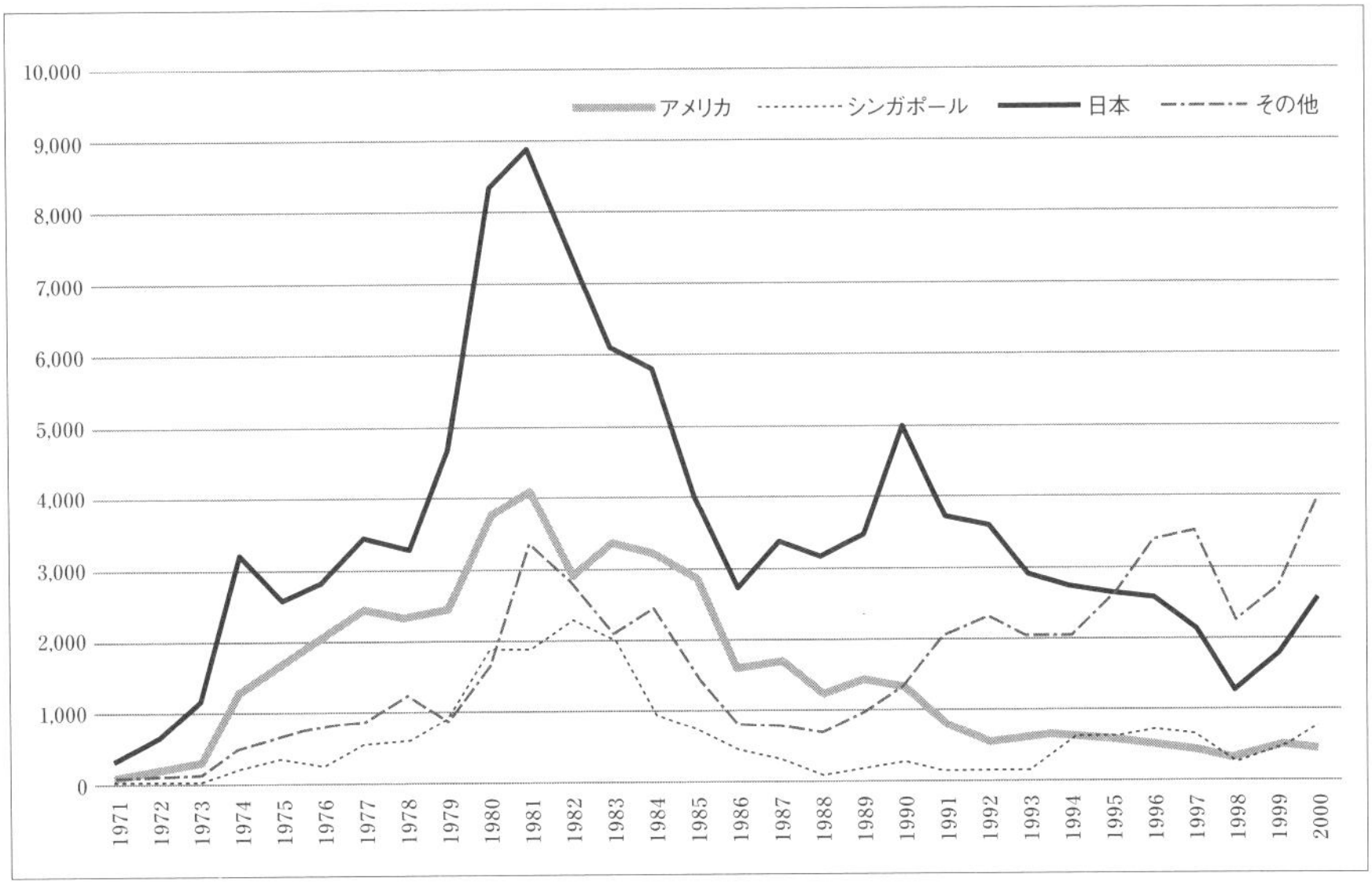

図6-A　主要相手国別石油・石油製品輸出額推移（1971～2000年、100万米ドル）
（出典）*Statistik Indonesia* 各年版, Jakarta, Biro Pusat Statistikのデータに基づき作成

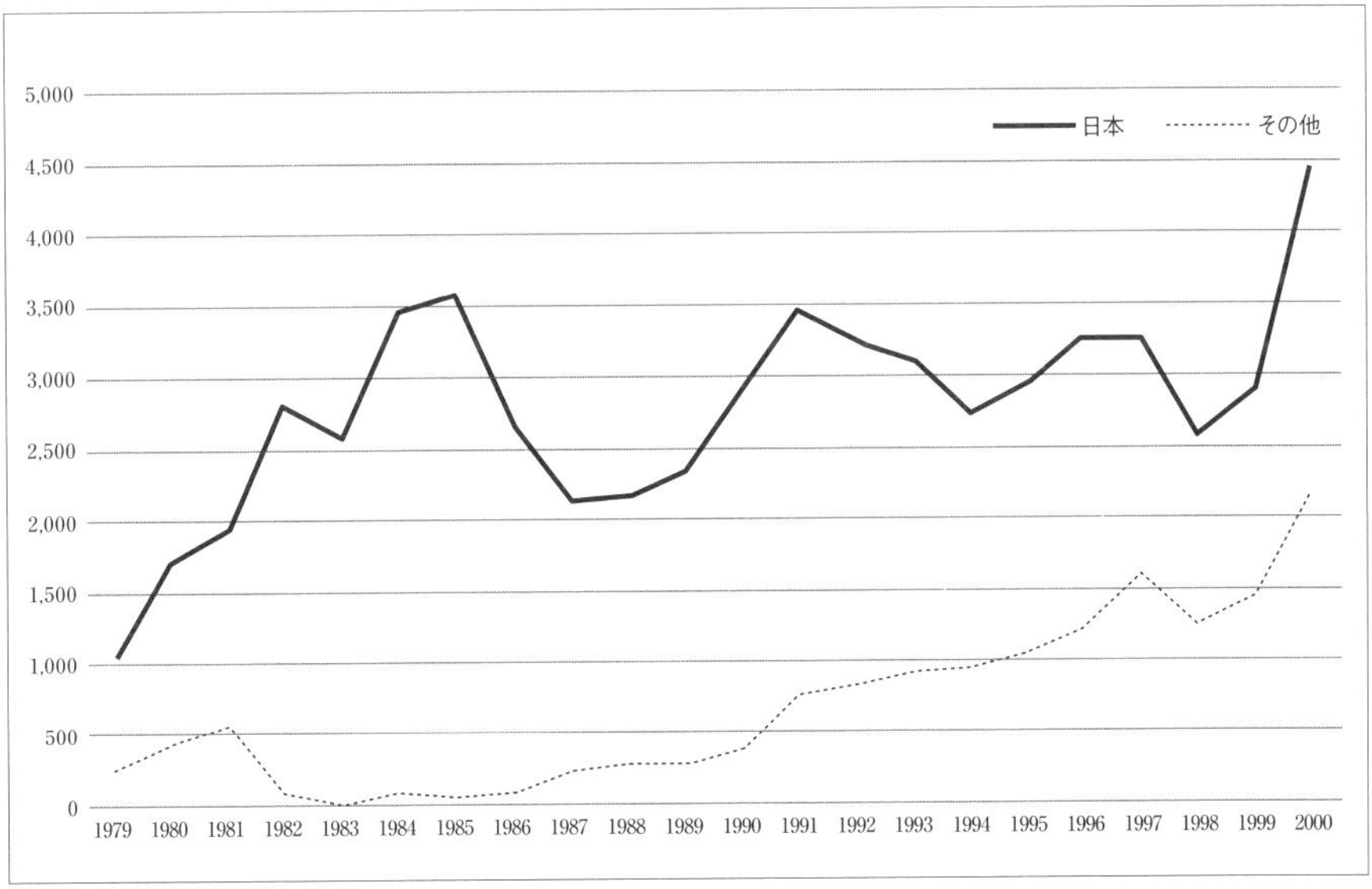

図6-B　相手国別天然ガス輸出額推移（1971～2000年、100万米ドル）
（出典）*Statistik Indonesia* 各年版, Jakarta, Biro Pusat Statistikのデータに基づき作成

い年でも三分の二以上が日本向けに輸出された。

ちなみに一九七四年から一九八五年までインドネシア政府の財政収入の約五割は石油・天然ガス収入で占められていたから、この時期のインドネシアにとって日本への石油・ガス輸出は文字通り国家の命脈を握るほどの重要性を持っていたと言える。

他方、日系企業の急激な進出は、たいていの場合インドネシア側の政治的有力者や華人系企業家との共同事業として進められたから、民衆の反権力・反華人感情とも重なり合う反発を招くことになった。こういう反感が、軍部内の権力抗争などとも結びついて噴きだしたのが、一九七四年一月一五日に当時の田中角栄首相がジャカルタを訪れたときに勃発した反日暴動だった。

この事件の収拾後にスハルト政権は「プリブミ（土地っ子）優先」をうたった華人抑圧政策を打ち出すが、日本側は一九七七年八月に東南アジア歴訪中の福田赳夫首相が、①日本は軍事大国とならず世界の平和と繁栄に貢献する、②ASEAN各国と心と心の触れあう信頼関係を構築する、③日本は対等なパートナーとしてASEAN諸国の平和と繁栄に寄与する、という東南アジア外交三原則（福田ドクトリンと呼ばれた）を打ち出すなどして事態の改善に努めた。

石油輸出が陰りを見せ始めた一九八〇年代後半以降も、インドネシアと日本の貿易は拡大を続けた。図6-C・Dが示すように、輸出額においては一九九六年まで、また輸入額においては一九九五年まで日本はインドネシアにとって首位の貿易相手国だった。つまり、スハルト政権下のほぼ全期間を通じてインドネシアにおける日本の経済的プレゼンスは抜きんでていたと言える。

既に「5経済と産業」で見たように、この状況はスハルト政権の時代が終わり二一世紀に入ってから大きく変わってきている。二〇一四年時点の二国間の貿易統計を見ると、インドネシアから日本への輸出額は二三一〇億ドルで依然首位を保っているが、輸入額では中国からのそれが三〇六〇億ドルを超え、日本からの輸入額（一七〇〇億ドル）を既に大きく上回っている。さらに同じ年のASEAN諸国との貿易額を合計すると、輸出額が三九七〇億ドルで日本向けを上回り、輸入額でも五〇七〇億ドルで中国からの輸入額を上回る状態になっている。

とはいえ、対日貿易の絶対額が減少したわけではなく、

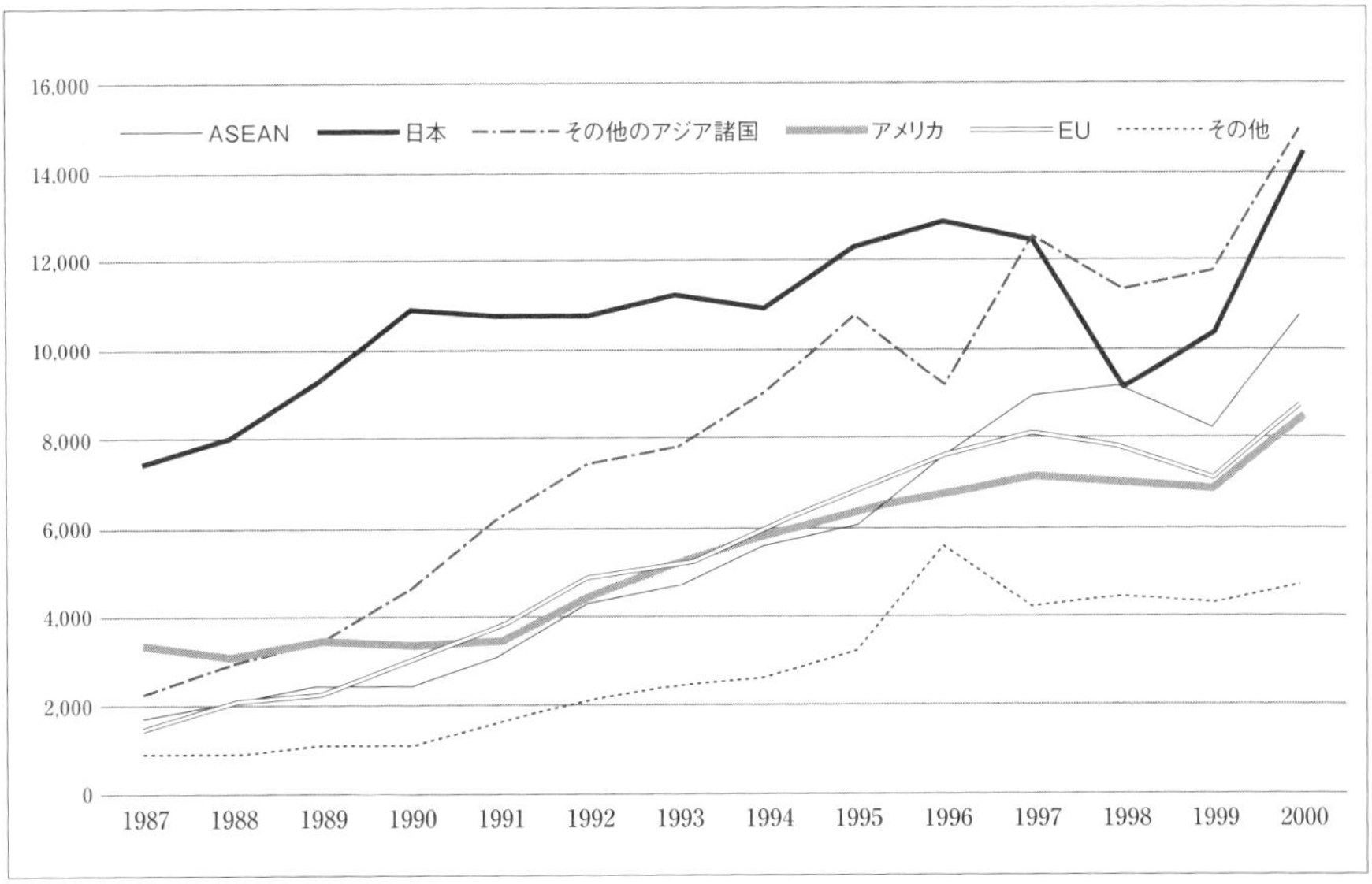

図6-C インドネシアの相手国別輸出額推移(1987～2000年、100万米ドル)
(出典) *Statistik Indonesia* 各年版, Jakarta, Biro Pusat Statistikのデータをもとに作成

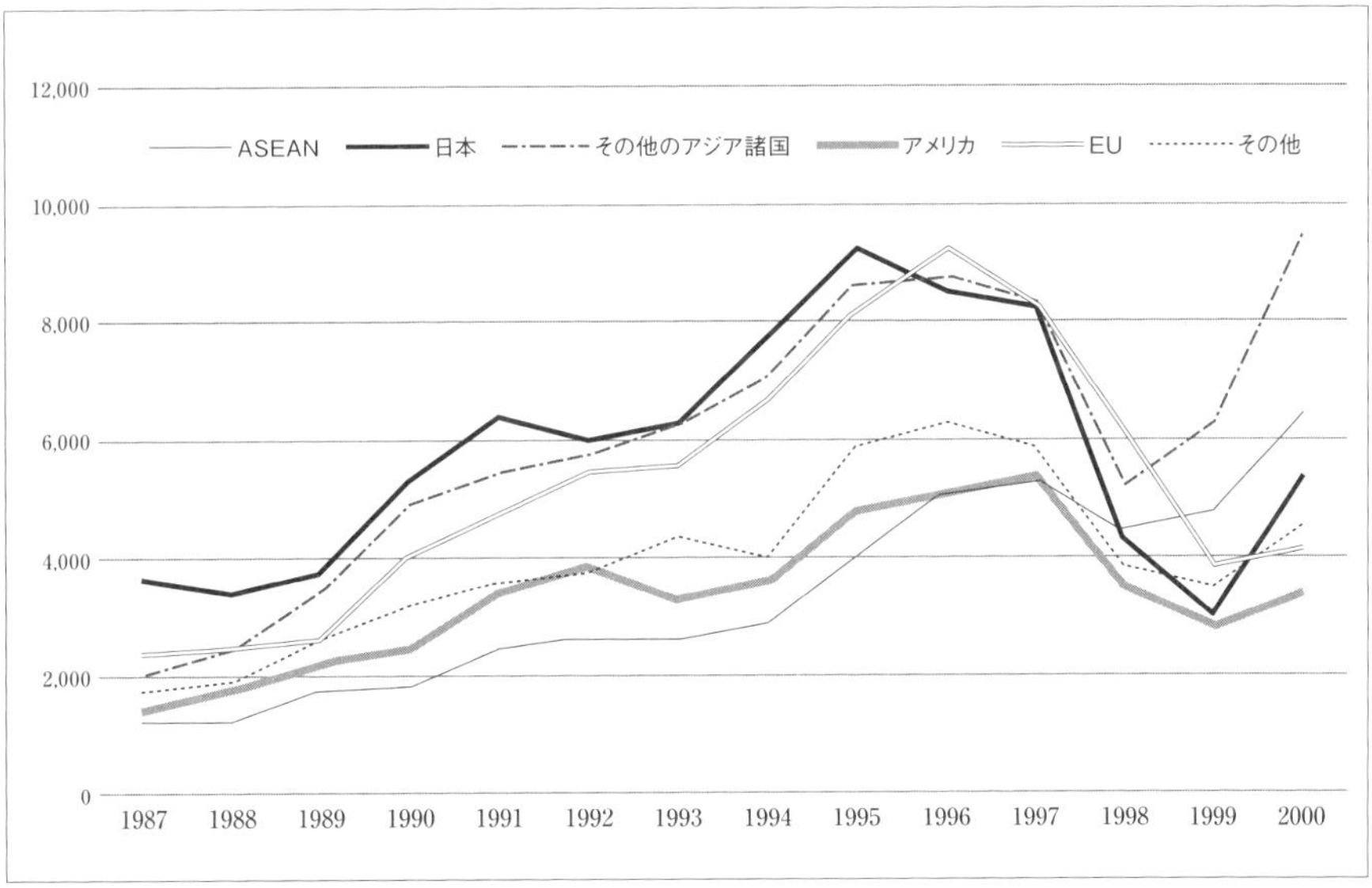

図6-D インドネシアの相手国別輸入額推移(1987～2000年、100万米ドル)
(出典) *Statistik Indonesia* 各年版, Jakarta, Biro Pusat Statistikのデータをもとに作成

写真6-8　ジャカルタに進出した日本のうどん店

旺盛な直接投資ともあいまって日本との経済関係が依然緊密であることに変わりはない（写真6－8）。

なお、二一世紀になってからの対日経済関係の進展に関して重要な出来事は、二〇〇七年八月に調印され二〇〇八年七月から発効した日本・インドネシア経済連携協定（EPA）であろう。この協定に基づき、貿易および投資の自由化と円滑化、両国間の人の移動、エネルギーおよび鉱物資源、知的財産、ビジネス環境の整備等の幅広い分野での二国間協力がいっそう推進されようとしている。例えば、二〇〇八年から毎年実施されているインドネシア人看護師・介護福祉士候補者受け入れ事業も、この協定に基づくものだ。

また日本側入管統計によると、二〇一四年六月末現在の在日インドネシア人は二万八六四九人、在インドネシア公館への在留届に基づくインドネシアの在留邦人数（二〇一三年一〇月一日現在）は一万六二九六人であり、その数は増え続けている。

中国などとの関係

インドネシアの独立戦争が終結する直前の一九四九年一〇月に、中国大陸では国共内戦が終わって中華人民共和国が成立した。翌一九五〇年四月に、独立を達成して間もないインドネシアは新中国との国交を樹立した。しかしインドネシア在住の華僑（当時はまだ「華人」という用語は一般に用いられていなかった）について、オランダ植民地政府以来の出生地主義によりインドネシア国籍を持つと同時に、伝統的に中国が採用してきた血統主義により中国籍をも持つという「二重国籍問題」が、両国間の外交上の懸案となった。

一九五五年、バンドン会議出席のためにインドネシアを訪れた中国の周恩来首相とインドネシアのスナリオ外相のあいだでこの問題が協議され、二重国籍を持つ者はどちらか一つの国籍を自らの意志で選ぶこととし、二年が過ぎても国籍選択をしない者については、父親が中国籍であれば中国籍、インドネシア国籍であればインドネシア国籍と見なす、という解決策が合意された。これに基づき、いわゆる「二重国籍条約」が一九六〇年に批准されて発効し、インドネシア国籍の取得を希望する者は、一九六二年一月までに中国国籍放棄の手続きをするよう定められたが、実際にインドネシア国籍を希望し選択する者は少なかったと言われる。

他方、一九六〇年代前半のインドネシアはスカルノ政権下で新植民地主義反対の急進的対外政策を進めたため、国内では共産党（PKI）の勢力が拡大するとともに、「北京－ジャカルタ枢軸」などと呼ばれたように中国との関係が親密化した。

しかし、一九六五年の九月三〇日事件を転機に情勢は激変し、共産党と親中国派華人への流血の弾圧・迫害が始まった。スカルノの失脚とともに成立したスハルト政権は対外政策を大転換するとともに、九月三〇日事件は中国の影響下にある共産党の仕業と見なして一九六七年に中国との国交を断絶し、国内では大統領決定により華人の文化・宗教活動を禁じる政策を進めた。この流れの中で一九六〇年の「二重国籍条約」も廃棄され、華人の国籍選択も半ば宙に浮いた状態となった。

中華人民共和国との国交が絶たれたのちに、台湾との

写真6-9 陰暦2566年（西暦2015年）の春節年賀状

実質的交流は進んだ。一九七〇年にはインドネシア商業会議所（KADIN）台北事務所が設置される一方、翌七一年には「駐ジャカルタ中華商会」が台湾の窓口機関として設けられた。この機関は一九八九年に「駐インドネシア台北経済貿易代表処」（TETO）に改組・拡充された。また、KADIN台北事務所は一九九四年に「駐台北インドネシア経済貿易代表処」（KDEI）にやはり改組・拡充され、今日に至っている。

だが一九八〇年代に入ると、対中経済関係の雲行きが変わり始める。インドネシア国内ではそれまでの石油・天然ガス（略称*Migas*）に代わり非石油・天然ガス（*Non-migas*）産品主導へと経済発展の軌道修正が行なわれ、これと並行して華人系が大半を占める民間企業グループの台頭が著しくなり、「プリブミ優先」のかけ声も後退していった。一方、中国では一九七八年一二月以降鄧小平の指導下で開始された「改革・開放」政策により、市場経済化が進んだ。

このような環境変化の中で、まず一九八五年にそれまで禁じられていた中国との直接貿易が承認された。次いで、一九八九年二月の昭和天皇大喪礼に出席したスハルト大統領が、東京で中国の銭其琛外相と会談して国交正常化交渉の開始が合意された。翌九〇年七月にアラタス外相が訪中し、八月には国交再開が実現した。

一九九八年のスハルト政権崩壊は、対中関係の改善・進展にいっそうの追い風となった。同年スハルトに代わったハビビ政権下では、大統領令により「プリブミ」「ノンプリブミ」の呼称が公式文書から最終的に一掃された。

写真6-10　スマランの三宝公寺院

次いで二〇〇〇年一月に、ワヒド政権下で一九六七年の大統領決定が破棄されて、公の場における中国的習慣の表象（漢字の看板）や伝統行事・宗教行事の開催が解禁された。二〇〇三年にはメガワティ政権下で、中国の春節（旧正月）が公式に国民の祝日（インドネシア語では「陰暦」由来のイムレックImlekの語で呼ばれる）となった（写真6-9）。二〇〇五年には「鄭和南海遠征六〇〇周年」を記念する行事が催され、ユドヨノ政権下のインドネシアでも、中国の支援を得て中ジャワ州都スマラン市の鄭和を祀る「三宝公」(Sam Po Kong) 寺院の大改修が行なわれた（写真6-10）。さらに二〇〇六年には新しい国籍法が制定・公布されてインドネシアでの出生証明書があればインドネシア国籍が認められるようになり、華人の国籍選択問題は解決された。

「5経済と産業」で見たように、二一世紀に入ってから中国とインドネシアの貿易は急速に拡大し、両国関係は緊密さの度合いを増している。しかしその一方で、南シナ海での中国による領有権の主張に関連する緊張要因も存在する。南シナ海に突き出たインドネシア領のナトゥナ諸島の近海にインドネシアが設定している排他的経済水域（EEZ）は、中国が管轄権を主張するいわゆる「九段線」と一部重複しており、係争海域となっている。二〇一〇年以降最近までにナトゥナ諸島近海で中国漁船がインドネシアに拿捕されたため、中国が自国の武装艦を派遣して漁船を奪還するという事件が繰り返し発生しており、インドネシアは同諸島に駐留する軍部隊を増強するという対抗措置に出ている。

ベトナム、韓国・北朝鮮との関係

ベトナム民主共和国はインドネシアと同じく一九四五年に独立を宣言して戦争（第一次インドシナ戦争）を開始した。ベトナム人民軍が一九五四年五月にディエンビエンフーでフランス軍を撃破したあと、同年七月にジュネーブ協定が締結されて第一次インドシナ戦争は終結したが、ベトナムは南北に分断され南ベトナムでは翌一九五五年一〇月にサイゴン（現ホーチミン）の政権がベトナム共和国を名乗るに至った。しかし、インドネシアは同年一二月末に民主共和国側と外交関係を結び、相互に総領事館を開設した。一九五九年二月〜三月にはベトナムのホーチミン主席がインドネシアを訪れ、同年六月にはスカルノ大統領がベトナムを訪問した。スカルノ政権末期の一九六五年八月には相互に設置した総領事館が大使館へ格上げされた。

しかし九月三〇日事件とスカルノの失脚後に両国の関係は一時悪化し、ベトナムは大使をジャカルタから引き揚げ、インドネシアもまたハノイ駐在の大使を召還した。

しかし、国交断絶が長期化した中国との場合とは異なり、両者の関係修復は早く一九七三年には再び相互に大使を交換するに至った。一九七五年四月の人民軍サイゴン入城と民主共和国によるベトナム南北統一に対しても、インドネシアは当時のＡＳＥＡＮ諸国の中で最も早くこれを受け入れる態度を表明した。これは、一九四五年からの独立戦争をともに経験したという両国民の歴史的連帯感によるところが大きい。ちなみにスハルトもまた対中国交回復後の一九九〇年一一月にはベトナムを訪問し、翌一九九一年一〇月にはベトナムのヴォー・ヴァン・キエット首相がインドネシアを訪問している。

朝鮮戦争後に南北に分断された韓国・朝鮮に対しても、インドネシアは独自の外交関係を築いてきた。スカルノ政権期の一九六一年にインドネシアはまず北朝鮮と国交を樹立し、一九六四年にはスカルノが北朝鮮を、翌六五年四月には金日成（キムイルスン）主席と金正日（キムジョンイル）の父子がインドネシアを訪問した。スハルト政権期には一九七三年九月に韓国と国交を樹立したが、北朝鮮との国交も継続し、ジャカルタには韓国と北朝鮮双方の大使館が並存するようになった。韓国とは一九八一年以来しばしば両国の大統領が相互に訪問を重ねて友好を深めてきたが、スカルノ政権崩壊後の二〇〇二年三月にはメガワティ大統領が北朝鮮を訪問して父親の時代からの旧交を温めている。例えば北朝鮮による日本人拉致被害者の曽我ひとみさんが二〇〇四年にインドネシアを経由して帰国することになったのも、インドネシアと北朝鮮の間の国交の積み重ねが背景になっている。

ASEAN諸国などとの関係

共和国の独立を宣言したインドネシアが最初に国交を開いた東南アジアの隣国は、第二次大戦前からの独立国タイである。一九四七年に最初の在外公館としてバンコクに開設された「インドネシア政府事務所」(Indonesia Office: INDOFF)は、独立戦争が終わった一九四九年末には大使館に改組された。

東南アジアでは一九四五年からインドネシアとベトナムが独立戦争を遂行する一方で、フィリピン(一九四六年六月)、ビルマ(一九四八年一月独立、一九八九年にミャンマーと改称)、ラオス(一九五三年一〇月)、カンボジア(一九五三年一一月)、マラヤ連邦(一九五七年八月)がそれぞれ平和裏に独立を達成した。これらの隣国とインドネシアは、フィリピン(一九四九年に国交樹立、一九五一年に友好条約を締結して大使館開設)、ビルマ(一九四九年一二月)、マラヤ(一九五七年)、カンボジアおよびラオス(一九五七年)の順で国交を樹立していった。

しかし、一九六一年五月にマラヤのアブドゥル・ラーマン首相が、それまで英領だった北ボルネオ(サバ)、ブルネイ、サラワク、シンガポールをマラヤと統合して新国家マレーシアを樹立する構想を発表すると、旧蘭領東インド、英領マラヤと北カリマンタン(サバ、ブルネイ、サラワク)、ポルトガル領東ティモールのすべてを単一国家「大インドネシア」(Indonesia Raya)に統一するのを理想としてきたインドネシアのスカルノ大統領はこれに真っ向から反対した。そして、一九六三年九月にマレーシアが結成されると、インドネシアはクアラルンプルに置かれていた大使館を閉鎖し、両国の関係は絶たれた。次いで一九六四年にインドネシアは「マレーシア粉砕」を叫んで軍事作戦を含む対決政策に乗り出した(写真6−11)。この政策は国際的支持を得られなかったために、インドネシアは翌一九六五年一月に国連を脱退した。

六五年の九月三〇日事件を経て一九六六年三月に大統領行政権限がスハルトの手に移ると、マレーシア対決政策は停止されて同年八月に両国関係は正常化され、九月にはインドネシアの国連復帰が実現した(在クアラルンプルの大使館は一九六八年に再開された)。他方、マレーシア側では一九六五年八月にシンガポールが分離・独立し、インドネシアはこれを承認して翌六六年に国交を樹立した。

写真6-11　マレーシア粉砕(Ganyang Malaysia)を呼びかけるポスター

またマレー人スルタン王家統治下のブルネイはマレーシアへの参加を拒んでイギリス保護領にとどまり、一九八四年一月にようやく独立を達成、インドネシアはただちにこれを認めて国交を開いた。

インドネシアとマレーシアの対立が解消する一方、サバの帰属をめぐってマレーシアと対立していたフィリピンも一九六六年六月に国交を正常化した。こうした流れを背景に、一九六七年八月に、タイ、マレーシア、シンガポール、インドネシア、フィリピンの五ヵ国の指導者がバンコクで会合し、ASEAN（東南アジア諸国連合）の結成を宣言し、その事務局はジャカルタに置かれることになった（写真6－12）。ベトナム戦争（第二次インドシナ戦争）のさなかのことで、当初ASEANはベトナムや中国に対抗する反共諸国連合と見られることもあったが、一九七一年一一月のクアラルンプルにおける第一回ASEAN特別外相会議における「東南アジア中立地帯宣言」を経てそのような色彩を弱め、ブルネイ（一九八四年）、ベトナム（一九九五年）、ラオスとミャンマー（九六年）、カンボジア（九九年）が加盟することによって東南アジア全域に拡大、残る東ティモールも既にオブザーバーとして

写真6-12 ジャカルタにあるASEAN事務局ビル

参加して正式加盟に備える状態となっている。

ＡＳＥＡＮはまた、二〇〇七年一一月の第一三回首脳会議の決定に基づき二〇〇八年一二月に「ＡＳＥＡＮ憲章」を採択して地域機構としての法人格を持つとともに、「ＡＳＥＡＮ共同体」の創設に向けて機能を強化することを決定、これに基づき二〇一五年末からはまず「ＡＳＥＡＮ経済共同体」（AEC）が発足した。

ＡＳＥＡＮの結束強化とは裏腹に、インドネシアと隣国とのあいだのあつれきもときおり噴出している。マレーシアとのあいだでは、インドネシア側東カリマンタン州（二〇一三年からは北カリマンタン州）とマレーシア側サバ州との境界に位置するアンバラット（Ambalat）海域の帰属と国境線をめぐる紛争が挙げられる。特に同海域のシパダン（Sipadan）、リギタン（Ligitan）両島の帰属をめぐる対立が二一世紀に入って激しくなり、その解決はハーグの国際司法裁判所の裁定に委ねられたが、同裁判所は両島を実効支配しているマレーシアの領有権を認めたため、インドネシアもこれに従うことになった。しかしアンバラット海域の国境線については、二〇〇五年にも紛争が再燃して尾を引いている。

写真6-13　煙霧に包まれた西カリマンタン州都ポンティアナック（Antara通信）

マレーシアとのあいだには、同国へのインドネシア人出稼ぎ労働者の不法就労問題もあり、また最近はスマトラやカリマンタンなどで毎年発生している森林火災に伴う煙害がマレーシアやシンガポールなどで深刻化して国際問題となっている（写真6－13）。しかし他方では、マラッカ海峡の海難事故や海賊対策の問題などでの三国間の協調・協力も進んでいる。

ASEANの他にもインドネシアは、様々な国際協力機構のメンバーとして積極的に活動している。例えば、APEC（アジア太平洋経済協力）には他のASEAN五国とともに一九八九年創立以来参加しており、他の東南アジア六国とともに一九九五年設立以来のWTO（世界貿易機関）原加盟国にもなっている。

インドネシアはまたマレーシアとともに、アジア・アフリカの五〇数ヵ国が加盟するイスラーム協力機構（OCI）の創立（一九六九年）以来の加盟国でもある。一方、石油輸出国機構（OPEC）には創立二年後の一九六二年に加盟したが、「5経済と産業」で述べたように石油の純輸入国に転落したため二〇〇八年に脱退した。けれども、二〇一五年には再加盟を果たしている。

7 社会と宗教

インドネシアの建国五原則の第一項目は「唯一神の信仰」であり、国民は自らの信仰する宗教を登録する義務がある。しかし、この「唯一神」はイスラームにおける全知全能神アラーに限られるわけではなく、イスラームが国教となっているわけでもない。

人名から見える社会構造

名字つまり家名（family name または surname）と（下の）名前（given name または first name）の二要素だけで氏名（full name）ができている日本人の人名と違って、インドネシアの人名のシステムは複雑多様である。それは、社会構造そのものの多様性を反映している。

人口が最も多いジャワ族やスンダ族をはじめ、インドネシアにおける大多数の種族の社会は、父系や母系のはっきりした血縁組織を持たないいわゆる双系的（bilateral）な特徴を備えている。ふつう双系社会では家名は存在しない。

しかし、数の上では少数だが北スマトラのバタック族や北スラウェシのミナハサ族、マルクのアンボン族などのように父系の血縁組織を持つ種族もあり、それらの種族の人々は一般にマルガ（*marga*）と呼ばれる血縁組織ごとの家名を持つ。

バタック族の場合はフタバラット（Hutabarat）、ナスティオン（Nasution）、パンジャイタン（Panjaitan）、シアハーン（Siahaan）などの姓がそれに当たる。西スマトラのミナンカバウ族は母系の血縁組織を持つことで有名だが、彼らの中にもチャニアゴ（Caniago）、シクンバン（Sikumbang）などの家名を持つ人々がいる。しかし、バタック族の場合のように広く行き渡った慣習にはなっていない。

家名を持たない種族の人名には、初代大統領のスカルノや第二代大統領のスハルト（ともにジャワ族）のように、一語だけからなるものもあれば、第四代、第六代のアブドゥルラフマン・ワヒド、スシロ・バンバン・ユドヨノ（ともにやはりジャワ族）のように、二語以上を連ねた名前もある。これらの人名の成り立ちがどのようなものか、歴代大統領の場合を例に述べてみよう（以下、インドネシア語版 Wikipedia の「インドネシアの名前」*Nama Indonesia* という項目の記述などを参考にした）。

まず初代のスカルノ。ジャワ貴族（プリヤイ）の父とバリ族の母とのあいだに生まれたスカルノの幼名は、父親の名前（スケミ・ソスロディハルジョ）を後に付けたクスノ・ソスロディハルジョであった。家名ではなく父親の名を後に置くのは、ジャワ貴族のあいだではふつうに行なわれる命名法である。しかし彼が病弱であったために、一一歳のときに父親はその名前を一語だけのスカルノ（Soekarno）に改めた。現代インドネシア語の表記に従えばスカルノはSukarnoだが、戦前生まれのインドネシア人の大半と同じく、彼もオランダ語式のSoekarnoという表記による署名を終生続けた。

二代目のスハルト（Soeharto）も一語だけの名で、父親（クルトスディロ）、母親（スキラー）のいずれの名ともつながりがない。彼も、オランダ語式の旧表記による署名を続けた。彼は、ジャワ貴族の血を引くとされる夫人とのあいだに三男三女をもうけ、全員に二〜三語から成る貴族風の名前を与えたが、「スハルト」をラストネームに使うことはなかった。これは、ジャワ族の平民の伝統的流儀に従ったものと言えよう。

三代目のバハルッディン・ユスフ・ハビビ（Bacharuddin Jusuf Habibie）は、スラウェシのゴロンタロ族とブギス族の血を引く父親（アルウィ・アブドゥル・ジャリル・ハビビ）とジャワ族の母親（貴族）のあいだの子である。この場合、ハビビは家名に当たると思われる。ちなみに彼の息子たちのラストネームもやはりハビビである。

四代目のアブドゥルラフマン・ワヒド（Abdurrahman Wahid）は、東ジャワの名門宗教指導者（キヤイ）の家系出身で、父親の名前はワヒド・ハシムである。つまり、この場合のワヒドは家名ではなく父親の名である。ちなみにワヒド・ハシムの父親（つまり四代目大統領の祖父）はハシム・アシャリであり、やはり父親の名を後に付けている。まるで尻取りのようなこの命名法は英語ではパトロニミック（patronyimic）つまり「父の名をとった名前」と呼ばれるが、四代目の場合これはイスラームの発祥地である中近東の流儀に従ったものと言われる。

五代目の女性大統領メガワティ・スカルノプトリ（Megawati Soekarnoputri）は、初代大統領とスマトラ出身の妻ファトマワティの長女である。スカルノプトリは「スカルノの娘」を意味する語（プトリはサンスクリット語起源）だから、これも一種のパトロニミックだが、四代目のように中近東起源ではなく、欧米起源の流儀による命名と言える。ちなみに同じ母親から生まれた彼女の二人の妹はやはり「スカルノプトリ」を、また二人の兄弟はいずれも「スカルノの息子」を意味する「スカルノプトラ」をラストネームにしている。

なお結婚後の女性は、父親の名前の前に夫の名前を挿入してミドルネームのように用いることも多い。卑近な例をあげると、筆者がインドネシア現地で四〇年前に言語を学ぶために師事したSS先生（ジャワ族、女性）は、父親の名をラストネームにしてSS・チトロスボノと名乗っていたが、その後マハルトという名の男性と結婚してからはSS・マハルト・チトロスボノと名乗るようになった。

六代目の大統領スシロ・バンバン・ユドヨノ（Susilo Bambang Yudhoyono）は、両親ともにジャワ族（父親は貴族）だが、名前を構成する三語とも両親の名前とはつながりがない。つまり、ラストネームの「ユドヨノ」は家名でもパトロニミックでもない個人名である。しかし、彼の二人の息子はいずれも父親の名である「ユドヨノ」をラストネームにしている。

七代目で現職の大統領ジョコ・ウィドドの両親は貴族称号を持たないジャワ族の平民である。幼名は一語だけのムルヨノだったが、長じてから二語のジョコ・ウィドドに改名した（改名はインドネシアでは珍しいことではない）。しかしどちらも、両親の名前とはつながりがない。彼には二人の息子と一人の娘がいるが、三人の名前のいずれもやはり父親の名とはつながりがない。

以上七人の大統領のうち、二、四、六、七代目の四人は、両親ともにジャワ族である。初代スカルノは母親がバリ族だが、父親がジャワ族なので慣例によりジャワ族と見なされる。初代の娘の五代目は母親がスマトラ出身だが、やはり父親の出自に従いジャワ族と見なされることが多い。母親がジャワ族とはいえ、三代目のハビビだけが父親の出自により、七人の中では唯一スラウェシ系種族に分類される。

では、ジャワに次いで人口の多いスマトラ出身者の場合はどうだろうか。スマトラ出身の大統領はまだいないので、それに次ぐ重要人物として、初代副大統領のモハンマド・ハッタ、一九五〇年代に最上位の軍指導者だったA・H・ナスティオン（Abdul Haris Nasution. 一九一八～二〇〇〇年。一九五〇年代に陸軍参謀長）とT・B・シマトゥパン（Tahi Bonar Simatupang. 一九二〇～九〇年。一九五〇～五三年に国軍総参謀長）という三人のスマトラ出身者の人名について見よう。

西スマトラ出身のモハンマド・ハッタは、ともにミナンカバウ族で宗教指導者（ウラマ）の家系の父親と商人の家系の母親のあいだに生まれた。幼名はムハンマド・アタール（Muhammad Athar）と言ったが、この名も成人後の名も、父母の名前とはつながりがない。母系社会の出身だが、ラストネームのハッタは家名を示したものではない。インドネシア独立宣言後の一九四五年一一月にハッタは西ジャワ出身の夫人と結婚して三人の娘をもうけ、そのすべてにハッタというラストネームを与えた。つまり、自分自身の場合と異なり、子どもたちにはパトロニミックな命名をしたことになる。

写真7-1　A. H. ナスティオン

A・H・ナスティオン（写真7-1）は、バタック族に属し北スマトラのマンダイリン・ナタル（Mandailing Natal）地方の出身である。バタック族は、言語・習俗の異なるいくつかのサブグループに分かれているが、この地方を本拠地とするグループはマンダイリン・バタック族と呼ばれ、その大半がイスラーム教徒である。ナスティオンは、マンダイリン・バタック族の代表的家名の一つである。

ちなみに、この地方はかつてアラビカ種の優れたコーヒーの産地であり、スマトラ・マンデリン・コーヒーの呼び名もマンダイリンという地名から生まれた（今ではその主産地は、トバ湖周辺やアチェ特別自治州高地など同じ北部スマトラの、もっと北の地域に移動している）。

A・H・ナスティオンはジャワ族の女性と結婚して二人の娘をもうけ、娘たちにはジャワ風の名前をつけたが、ラストネームには家名のナスティオンを添えた（二人のうち末娘は、一九六五年九月三〇日の晩にナスティオン邸を襲った反乱軍部隊の銃弾の犠牲となり、わずか五歳で落命した）。なお、A・H・ナスティオンは一九五九～六六年には国防相となり、スハルト政権初期の一九六六～七二年には暫定国民協議会（MPRS）の議長を務めた。

写真7-2 T. B. シマトゥパン

T・B・シマトゥパン（写真7–2）はやはり北スマトラのダイリ地方（今ではマンデリン・コーヒーの主産地の一つ）出身だが、マンダイリンより北に居住するトバ・バタック族に属し、キリスト教徒（プロテスタント）である。シマトゥパンは父親から継いだ家名で、幼時はもっぱらファーストネームであるボナールが呼び名として使われた。

T・B・シマトゥパンもジャワ族の女性と結婚して、四人の子をもうけ、やはり彼らのラストネームには家名のシマトゥパンを添えた。彼は一九五九年に軍を退役してからは宗教界に転じ、プロテスタント教会の全国組織指導者となった。

以上のように、国の最高指導者にあたる人々の場合でさえ、人名の仕組みは多種多様である。インドネシア人と接する場合は、バタック族など少数の例外を除き、ラストネームは家名ではないことに注意する必要がある。

華人系インドネシア人

インドネシア国民には、「1インドネシアはどんな国か」や本章の前節で説明した各地方種族の他に、インドネシア以外の国々から移住してきた人々やその子孫たちがたくさん含まれている。特に人数が多いのは、中国、インド、アラブ諸国からの移住者と子孫たちである。オランダ植民地時代には彼らは「外来東洋人」として、法律上「ヨーロッパ人」および「現地人」とは異なる身分の扱いを受けていた。独立後のスハルト政権期には、そのうち華人たちが特に「外来系国民」（*warganegara keturunan*）と呼ばれて「インドネシア国籍証明書」（SBKRI）の所持を義務づけられるなどの差別的扱いを受けてきた（写真7-3）。スハルト政権が倒れたあとこれらの差別は撤廃されていき、現在では「外来系国民」という用語も忌避されるようになった。華人系、インド系、アラブ系の人々に対しては、「華人系インドネシア人」（*Tionghoa-Indonesia*）、「インド系インドネシア人」（*India-Indonesia*）、「アラブ系インドネシア人」（*Arab-Indonesia*）という呼び方が一般的になっている。

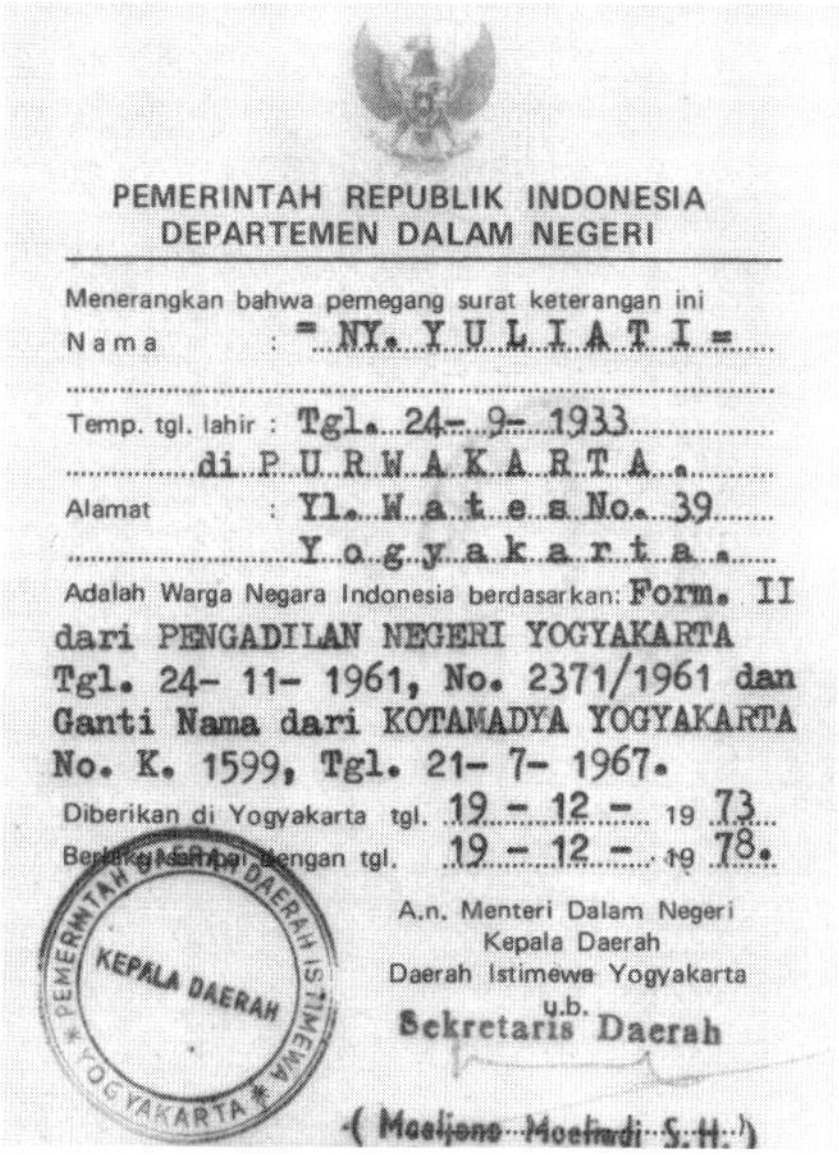
PEMERINTAH REPUBLIK INDONESIA
DEPARTEMEN DALAM NEGERI

Menerangkan bahwa pemegang surat keterangan ini
Nama : = NY. YULIATI =
Temp. tgl. lahir : Tgl. 24- 9- 1933 di PURWAKARTA.
Alamat : Jl. Wates No. 39 Yogyakarta.
Adalah Warga Negara Indonesia berdasarkan: Form. II dari PENGADILAN NEGERI YOGYAKARTA Tgl. 24- 11- 1961, No. 2371/1961 dan Ganti Nama dari KOTAMADYA YOGYAKARTA No. K. 1599, Tgl. 21- 7- 1967.
Diberikan di Yogyakarta tgl. 19 - 12 - 19 73.
Berlaku sampai dengan tgl. 19 - 12 - 19 78.
A.n. Menteri Dalam Negeri
Kepala Daerah
Daerah Istimewa Yogyakarta
u.b.
Sekretaris Daerah
(Moeljono Moeliadi S.H.)

写真7-3　インドネシア国籍証明書（SBKRI）の実例

「1インドネシアはどんな国か」でも触れたように、華人系インドネシア人の正確な人口統計はないが、およそ総人口の三％程度と思われる。中央統計庁（BPS）の公表値では二〇一〇年と二〇一四年のインドネシアの総人口はそれぞれ約二億三七〇〇万人および二億五二〇〇万人だから、両年の華人系人口は七一〇万人および七五〇万人前後と推定される。

二〇一〇年人口センサスに基づく主要種族別人口は、ジャワ族（九五二〇万人）、スンダ族（三六七〇万人）、バタック族（八四七万人）、マドゥラ族（七一八万人）、ブタウィ族（六八一万人）の順となっているから、華人全体を一つの種族と見なした場合、その人口は実際には上位五集団に入ることになる。

またよく知られているように、華人は中国における元々の出身地域によって、福建、客家、潮州、広東、海南などのサブグループに分かれている。サブグループごとの人口統計などはないが、インドネシア全体で最も人数が多いのは、福建人、次いで客家だと言われている。なお華人たち自身は自らを「唐人」と呼ぶことも多い。

中国からインドネシアへの華人人口の流入は、オランダ植民地時代の一九三〇年代まで続いた。インドネシアでは、中国出身で自身が渡来した華人をトトック（*totok*）、二代目以降になりインドネシア社会に深く根付いた華人をプラナカン（*peranakan*）と呼んで区別する。第二次大戦後、華人の新規流入はまれになったので、トトックは年々人数が減って華人社会全体のプラナカン化が顕著になっており、既に中国語と漢字を解さない華人もけっして珍しくはない。

「6対外関係」で述べたように、一九五〇年代に中国政府とのあいだで結ばれた二重国籍協定は、一九六〇年代末にスハルト政権下で廃棄された。そのため、それまでにインドネシア国籍選択の意思表示をしていなかった華人はいったん「無国籍」（stateless）の扱いとなり、一九七八年からは他のインドネシア人には不要な上記「インドネシア国籍証明書」の所持が義務づけられた。この証明書の提示なしには、住民票カード（KTP）の取得、学校への入学、パスポートの申請、選挙権登録、婚姻届、死亡届などの手続きがいっさい不可能となったのである。一九九〇年の対中国交回復を経てスハルト政権末期の一

写真7-4　ジョクジャカルタ市の華人居住地域の入口に最近建てられたゲート

写真7-5 ジャカルタ州知事バスキ・チャハヤ・プルナマ(アホック)

九九六年には、その所持を不要とする大統領決定が出されたものの周知がなされなかったために、行政の末端では依然「国籍証明書」の提示が要求される状態が続いた。そこで一九九九年のハビビ政権下で改めて「国籍証明書」の所持を不要とする大統領令が出された。さらに二〇〇六年の新国籍法によりインドネシア国籍の自動取得の詳細な要件が定められたことにより、法律上は華人に対する差別が全廃された。しかし、一部の地方では役所などが依然「国籍証明書」の提示を要求する悪弊が残っていると言われ、問題視されている。

二〇世紀末までのインドネシアでは、たびたび反華僑・華人の暴動が繰り返されてきた。独立後の特に大きな暴動としては、一九六五年九月三〇日事件後の迫害・殺戮、一九七三年八月の西ジャワ州都バンドンにおける暴動と、一九九八年五月のスハルト退陣の引き金となったジャカルタ暴動における華人襲撃の三つが挙げられる。しかし、スハルト政権崩壊後は現在まで目立った反華人暴動はまったく起きていない(写真7−4)。

政治的社会的差別にもかかわらず、国営部門を除く経済の各分野で華人は優越した地位を占めてきた。特にスハルト政権後半期にあたる一九八〇年代以降は、コングロメラット（*konglomerat*）と呼ばれる華人系企業集団の台頭が著しかった。

ポスト・スハルト政権の時代になると華人の政界への進出も見られるようになり、一九九九年総選挙以降は華人系の議員や閣僚も登場した。また華人人口の多い地域では、華人の地方首長も登場している。二〇一四年に大統領に選出されて前職のジャカルタ首都特別州知事を辞任したジョコ・ウィドドの後任には、法律の定めにより華人の副知事バスキ・チャハヤ・プルナマ（Basuki Tjahaja Purnama. 華人名は鍾萬學。通称はアホック Ahok すなわち阿學）が昇格した（**写真7－5**）。

インド系・アラブ系インドネシア人

インド系インドネシア人は華人に比べて人口はずっと少ないが、インドネシアへの移住の歴史は古い。彼らは、およそ三つのサブグループに分かれる。

第一は、南インド出身のタミール（Tamil）系インド人である。タミール系インド人は植民地時代にイギリス領インドから主に北スマトラへ移住したプランテーション労働者の子孫が多いが、ジャカルタにもそのコミュニティが存在する。

第二は、北インド出身のパンジャブ系（Punjabi）インド人で、ジャカルタ、バンドン、ジョクジャカルタ、スラバヤなどジャワの大都市に多く、その大半は商業に従事している。またその多くはシーク教徒であり、男たちは頭にターバンをまとう。

第三は、パキスタン南部からインド北西部にかけて分布するシンド語（Sindhi）を母語とする人々の子孫たちである。彼らもまた、繊維・衣服、宝石などの商業に従事する者が多い。

アラブ系インドネシア人は華人に次いで人数が多く、ある推計では約五〇〇万人を数える。アラブ系住民のインドネシア移住の記録は九世紀にまで溯るが、その数が増えてくるのは、インドネシア各地にイスラームが広がる一三〜一五世紀からである。その多くは、インド北西部のグジャラート地方を経て商業と布教のために単身渡来した男性たちであり、インドネシアの女性を娶って定住したために現地社会の中に溶け込み一体化していった。

一七〜一九世紀になるとアラビア半島西南部のハドラマウト地方（現在のイエメンに相当）からの移住者が増えたが、彼らは家族を伴って来る場合が多くなったため、現在まで続く独自のアラブ系コミュニティが形成された。

さらにスエズ運河開通後の一八七〇年代からは、定期蒸気船による移住が増え、ハドラマウトに次いでエジプトからの移住も見られるようになった。アラブ系インドネシア人は、宗教（イスラーム）、商業、学術・教育などの分野で活躍する者も多く、歴代の政権にはかなりの人数のアラブ系閣僚が含まれている。

「唯一神」原則と複数の公認宗教

(1) イスラーム

「4政治と行政」で説明したように、インドネシアの建国五原則の第一項目は「唯一神の信仰」であり、国民は自らの信仰する宗教を登録する義務がある。しかし、この「唯一神」はイスラームにおける全知全能神アラーに限られるわけではなく、イスラームが国教となっているわけでもない。またコーランやハディース（預言者ムハンマドの言行録）に基づくイスラーム法（シャリーア）には国法の地位が与えられていないので、隣国マレーシアと違って宗教裁判所は設けられていない（ただし、他州と異なる特別自治を認められたスマトラ北端のアチェ州は例外である）。

現在、「唯一神」を奉じる宗教として公認されているのは、イスラームの他に、カトリックとプロテスタントのキリスト教両派、ヒンドゥー教、仏教、儒教（孔教）の五つである。日本の常識では多神教と考えられているヒンドゥー教、仏教とふつう宗教とは見なされていない儒教も、インドネシアでは「唯一神」信仰の条件を満たすよう教義に工夫が加えられている。

イスラーム国家ではないが、政教分離の世俗国家でもないので、政府には宗教省が設置され、学校では各生徒の信仰に応じた宗教教育の授業が行なわれている。そこで、上記の公認宗教のインドネシアにおける歴史と現状を簡単に述べておこう。

「3歴史」で述べたように、インドネシアで最古のイスラーム化した国家の存在が史料により確認されるのは一三世紀のスマトラにおいてであり、ジャワ、カリマンタン、スラウェシ、マルクなどインドネシア各地でイスラームを奉じる国家が成立・拡大するのは、一六～一七世紀のことであった。オランダの植民地支配が広がる一八～一九世紀にも、一部のキリスト教化した地域やヒンドゥー教を守るバリ島などを除き、インドネシアの多くの地域ではイスラーム教徒が人口の多数を占めるに至った。しかし、民衆のイスラーム信仰の実態は、イスラーム化以前のアニミズム、仏教・ヒンドゥー教的要素などが混淆したシンクレティズムの色彩が濃いものだった。

一九世紀末になると、蒸気船航路の発達によりメッカ巡礼に出かける信徒が増え、中近東におけるイスラーム復興運動の影響がインドネシアにも次第に及んでくるようになった。二〇世紀に入ると、イスラームの復興と刷新の機運はいっそう高まった。一九一二年に中部ジャワの王都ジョクジャカルタで、伝統的宗教指導者（ウラマ）による解釈への追従（タクリード）に反対し、コーランとハディースの原典に対する個人の自立的推論（イジュティハード）の重要性を唱える改革主義イスラームの運動体ムハマディヤ（Muhammadiyah）が結成されたことは、その大きなきっかけとなった（写真7−6）。

写真7-6　ムハマディヤのロゴ

その後ムハマディヤの組織は拡大を続けて一九七〇年には本部を首都のジャカルタに移し、二一世紀初めの時点での会員数は都市部を中心に二九〇〇万人に達したと言われる。これは、現在全国に三〇前後あると言われるイスラームの各種社会組織の中で、次に述べるナフダトゥル・ウラマに次ぐ規模である。ムハマディヤの活動はいろいろな分野に及ぶが、特に顕著なのは大学から小学校まで全国多数の学校と、やはり全国に広がった病院の建設と運営である。

写真7-7　ナフダトゥール・ウラマ（NU）のロゴ

一方、改革主義の台頭は、イスラーム寄宿塾（プサントレン）の伝統的ネットワークに拠るウラマたちの反応と活動を呼び覚ますことにもなった。一九二六年に東部ジャワの中心であった商都スラバヤで、先に述べた四代目大統領の祖父に当たるハシム・アシャリ（Hasjim Asy'ari）らのウラマたちが結成したナフダトゥル・ウラマ（Nahdlatul Ulama. 略称NU、「ウラマの覚醒」を意味する）は、スンニ派正統主義を唱える宗教指導者たちの最大の運動体となっていった（NUもまた、現在の本部はジャカルタに置かれている）（写真7－7）。NUは明示的な規約に基づく会員制度を持たないが、やはり二一世紀初めの時点でのその信奉者数は、農村部や都市の下町を中心に五〇〇〇万人を超えると言われ、インドネシアのイスラーム社会組織の中で断然最大の規模を誇っている。NUの活動も多岐にわたるが、特に際だっているのは、（中・東部ジャワではジャワ語でキヤイと呼ばれる）ウラマたちの威信を背景に張り巡らされた青年向けのプサントレンと児童向けの宗教塾（マドラサ）のネットワークや、自警団的機能も持つ青年組織などであろう。

NUやムハマディヤに代表されるインドネシアのイスラーム教徒の大多数はいわゆる原理主義的潮流とは一線を画しているが、ごく少数とはいえ、イスラーム国家建設の理想のもとに急進的な運動を試みようとしているグループも存在しないわけではない。その中には、一九四

写真7-8　ファッション化したジルバブ（クルドゥン）（空港待合室で）

〇年代末から五〇年代前半にかけて西部ジャワから中部ジャワにかけての山岳地帯でイスラーム国家建設を掲げてオランダとインドネシア共和国の両方に対する武装闘争を展開し、鎮圧されたダルウル・イスラーム（略称DI）運動の流れを汲むものや、アルカイダやIS（イスラミック・ステート）と国際的に連携しようとするものもあり、治安当局の厳しい監視と取り締まりの対象となっている。

こうした過激な運動とは別に、イスラームの戒律を忠実に守り、信仰の証を外形的にも明示しようとする「イスラーム化」の傾向は、特に一九八〇年代以降に強まってきた。モスク（インドネシア語ではムスジッド *mesjid*）での礼拝に参加する人数の増加、ベール（クルドゥン *kerudung* またはジルバブ *jilbab* と呼ぶ）を着用する女性の増加（写真7-8）、そして最近では酒類の販売を規制または禁止する政令や地方条例の増加などは、その表れと言えよう。

なお二〇一〇年の人口センサスによれば、インドネシア全国民のうちイスラーム教徒人口の比率は八七・二％を占め、絶対数では二億三八〇〇万人中の二億七〇〇万人に達した。これは、世界の国々の中でも最大である。

「唯一神」原則と複数の公認宗教

(2) イスラーム以外の五宗教

二〇一〇年の人口センサスによると、表7−1が示すように、この年の全国三三州（その後三四州に）のうち、イスラーム教徒人口が少数派の州が五つ、多数派ではあるが七割に達しない州が三つあった。

前の五州は、ヒンドゥー教徒が八割以上を占めるバリ、二派を合わせたキリスト教徒が六割以上を占める東ヌサテンガラ、北スラウェシ、西パプア、パプアの各州である。また後の三州は、キリスト教徒の合計が三割を超える北スマトラと西カリマンタン、およびキリスト教徒の人口がイスラームのそれにほとんど拮抗しているマルクの各州である。

また、都市部に華人系住民の多い北スマトラと西カリマンタンでは、仏教徒の人口がともに二〇万人を超えている。

二派を合わせた全国のキリスト教徒の人口

表7-1 州別宗教人口（イスラーム以外の宗教人口が多い8州、2010年人口センサス）

州・地域名	宗教別人口 （×1000人）							
	イスラーム	キリスト教		ヒンドゥー	仏教	儒教	その他／無回答	合計
		プロテスタント	カトリック					
バリ	520	64	31	3,247	21	0	6	3,891
東ヌサテンガラ	424	1,627	2,536	5	0	0	91	4,684
北スラウェシ	702	1,444	100	13	3	1	8	2,271
西パプア	292	409	53	1	1	0	5	760
パプア	450	1,855	501	2	1	0	24	2,833
北スマトラ	8,580	3,510	516	15	304	1	57	12,982
西カリマンタン	2,603	500	1,008	3	238	30	14	4,396
マルク	776	635	104	6	0	0	13	1,534
その他の25州合計	192,829	6,484	2,059	720	1,135	85	979	204,291
全国	207,176	16,529	6,908	4,012	1,703	117	1,196	237,641

州・地域名	宗教別人口 （%）							
	イスラーム	キリスト教		ヒンドゥー	仏教	儒教	その他／無回答	合計
		プロテスタント	カトリック					
バリ	13.4	1.7	0.8	83.5	0.5	0.0	0.1	100.0
東ヌサテンガラ	9.1	34.7	54.1	0.1	0.0	0.0	1.9	100.0
北スラウェシ	30.9	63.6	4.4	0.6	0.1	0.0	0.3	100.0
西パプア	38.4	53.8	7.0	0.1	0.1	0.0	0.6	100.0
パプア	15.9	65.5	17.7	0.1	0.1	0.0	0.8	100.0
北スマトラ	66.1	27.0	4.0	0.1	2.3	0.0	0.4	100.0
西カリマンタン	59.2	11.4	22.9	0.1	5.4	0.7	0.3	100.0
マルク	50.6	41.4	6.8	0.4	0.0	0.0	0.8	100.0
その他の25州合計	94.4	3.2	1.0	0.4	0.6	0.0	0.5	100.0
全国	87.2	7.0	2.9	1.7	0.7	0.0	0.5	100.0

比はほぼ一割だが、絶対数で見れば二三〇〇万人以上となり侮りがたい大勢力である。カトリックの布教は、一六世紀にマラッカを経てマルク諸島にまでたどり着いたポルトガル人によって始められた。最初にカトリックの洗礼を受けたインドネシア人は北マルクのハルマヘラ島の住民たちで、一五三四年のことだったとされている。イエズス会の創始者のひとりで一五四九年に日本へキリスト教を伝えたフランシスコ・ザビエルはその前の一五四六～四七年にマルク諸島に滞在し、この地方での布教に大きな足跡を残している。

写真7-9　ジャカルタのカトリック大聖堂

一七世紀にプロテスタントの多いオランダ東インド会社の勢力がポルトガルに取って代わるとカトリックは禁圧され、わずかにフローレス島とティモール島で存続する状態となった。しかし、一八世紀末に東インド会社が解散して一九世紀に入るとカトリックは解禁されて今度は主にオランダ人神父たちによる布教の努力が続けられた。二〇世紀に入ると、インドネシア人神父たちの数も増えカトリックはインドネシア各地に根を下ろしていった（写真7－9）。表7－1が示すように、二〇一〇年時点で全国には七〇〇万人近いカトリック教徒がおり、特に東ヌサテンガラでは人口の半分以上を占めている。

一方、プロテスタントの布教は、オランダ東インド会社の進出とともに進展した。一六〇五年の「オランダ領東インド・プロテスタント教会」というオランダ語名の組織の設立がその皮切りである。最初マルク地方の中心地アンボンに置かれたこの教会の本部は、東インド会社商館とともに一六一九年にバタビア（現ジャカルタ）に移転し、マルク、ミナハサ（北スラウェシ）、東ヌサテンガラ、ジャワ、スマトラなどの各地での布教活動を広げていった。二〇世紀に入り各地方での基盤が強化されるとともに、地方や種族の別に基づく自立的教会組織の必要が主張されるようになり、一九三〇年代から次々に地方ごとの個性ある教会組織が作られていった。

独立宣言後の一九四七年に、東インド・プロテスタント教会は「インドネシア・プロテスタント教会」(GPI)と改称した。GPIはプロテスタントの中でもカルヴィン派に属し傘下に多くの地方組織を持つが、その他にも多くのカルヴィン派地方協会組織がある。またカルヴィン派の他にも、ルター派(福音派)、メソジスト派、メノー派、パンテコスタ教会など、プロテスタント教会にはいろいろな流派があり、各派の信徒を合計すると一六五〇万人(二〇一〇年)にも達する。

写真7-10　バタック族のプロテスタント教会(HKBP、東ジャワ州マラン市)

プロテスタント教徒が特に多い地域は、北スマトラ(トバ、カロなどのバタック族地域)、パプア、北スラウェシ、東ヌサテンガラなどである(写真7-10)。また、カトリック、プロテスタントのいずれも、ジャワの大都市には多くの信者がいる。

なお、プロテスタント人口が最も多い北スマトラのバタック族地域への布教は、ドイツに本拠のあるルター派のライン伝道教団が一九世紀後半から派遣したドイツ人、オランダ人宣教師たちにより精力的に進められた。本章の「人名から見える社会構造」で紹介した元軍人のプロテスタント教会指導者T・B・シマトゥパンもこの地域の出身である。

表7-1が示すように、インドネシア全土のヒンドゥー教徒四〇〇万人の約八割はバリ島に集中している(写真7-11)。これは「3歴史」で述べたように、一六世紀にイスラーム教徒に滅ぼされたジャワのマジャパヒト王国の王族と遺臣がバリ島に逃れ、バリ族支配層と融合してヒンドゥー教の信仰と文化を維持した結果である。バ

写真7-11　祈りを捧げるバリのヒンドゥー教徒たち

写真7-12　ジャカルタの仏教寺院「金徳院」

リ・ヒンドゥーの特徴は多彩な芸能や儀礼と結びついていることで、聖典や戒律・教義に対する態度はインドのヒンドゥー教ほど厳格ではない。また四つの身分に分かれたカースト制があるものの、その社会的障壁はインドに比べてずっと低い。

バリ族以外の主なヒンドゥー教徒のグループは、東部ジャワの山中に逃れたマジャパヒト王国の末裔たち（テンゲル族）、イスラームとキリスト教の受容を拒んで土着の慣習と信仰を固持しヒンドゥー教徒の体裁をとって登録された少数派の人々（西部ジャワのスンダ族、カリマンタ

写真7-13　ジャカルタの孔子廟（コンミャオ）

ンのダヤック族、スラウェシのトラジャ族、スマトラのバタック族のそれぞれ一部）などから成る。

マジャパヒト王国の滅亡はまた、それまでインドネシアでヒンドゥー教と共存してきた仏教信仰の消滅をももたらした。仏教復興の萌芽はオランダ植民地時代の末期に見られたが、その動きが本格化するのはマジャパヒト滅亡から約四世紀を経た独立後の一九五〇年代からである。現代インドネシアの仏教は上座（テーラヴァーダ）派、仏乗（ブッダヤーナ）派、大乗（マハヤーナ）派、密教（ヴァジルヤーナ）、弥勒教（マイトレーヤ）、日蓮派（創価学会）など複数の宗派に分かれているが、その連合組織として一九九八年にインドネシア仏教徒代表会議（WALUBI）が設立されている。

インドネシアの仏教徒の大多数は華人系であり、二〇一〇年人口センサスによればその総数は一七〇万人で、州別の分布を見ると首都ジャカルタが三一万七〇〇〇人で最も多く、北スマトラ（三〇万四〇〇〇人）、西カリマンタン（二三万八〇〇〇人）がそれに次ぐ（写真7－12）。

儒教（中国語では「孔教」、インドネシア語では「孔夫子」に由来するコンフーチュー Konghucu の語で呼ばれる）は一九六〇年代後半にいったん公認宗教の地位を与えられたが、スハルト政権下の一九七〇年代末に取り消された。しかし、スハルト政権が倒れて華人差別が次第に撤廃されていく動きの中で、ワヒド政権下の二〇〇〇年に儒教の再公認が決定され、二〇一〇年にはジャカルタに孔子廟が建設された（写真7－13）。そのため、それまで仏教徒として登録していた華人たちが儒教に登録替えする動きが始まったが、二〇一〇年センサスが記録した儒教人口はまだ全国で一一万七〇〇〇人に過ぎず、そのうち四万人がバンカ・ブリトゥン州、三万人が西カリマンタン州に集中している。

すべての公認宗教を平等に扱うという原則により、公認六宗教の最も重要な祝祭日は国民の休日に指定されている。宗教と無関係な国民の休日は、西暦の元日（一月一日）、メーデー（五月一日）と独立記念日（八月一七日）だけである。

まずイスラーム関連では、ムハンマド降誕祭、ムハンマド昇天祭、断食明け（イドゥル・フィトリ）、メッカ巡礼最終日（イドゥル・アドハ）、イスラーム暦新年の五つが休日になる。これらは月の満ち欠けに基づく太陰暦に拠って定められるので、その西暦による日付は毎年少しずつずれていく。

キリスト教二派の場合は、キリスト受難日（復活祭前の金曜日）、キリスト昇天祭（復活祭から五週目の木曜日）、クリスマス（一二月二五日）の三つが休日である。

ヒンドゥー教の場合はニュピ（サカ暦新年）、仏教はワイサック（仏教大祭。日本ではインド式発音によりウェーサカ祭と呼ぶが元来上座仏教の祭典のため行なわれない）、儒教は中国正月の春節（インドネシア語では「陰暦」由来のイムレックという語で呼ぶ）が休日となる（いずれもやはり太陰暦によるので、毎年日付がずれる）。

これらの祝祭日には、すべての官公庁、学校、企業などが休みになるのである。イスラーム国家ならぬ「パンチャシラ国家」としてのインドネシアならではの制度と言えよう。

各地に残る王宮と王族

インドネシアは、スルタンを戴く隣国のマレーシアやブルネイとは異なり、国民の選挙により選ばれた任期制の大統領を国家元首とする共和国であり、州・県・市から成る地方自治体の首長も、あとで述べる唯一の例外を除き、住民の選挙によって選ばれている。君主制に関する条項は、憲法と地方行政法のどこを読んでも見当たらない。それにもかかわらず、インドネシアの各地には、イスタナ（*istana*）、クラトン（*keraton*）などの言葉で呼ばれる実に多くの王宮が残っている。

オランダの植民地支配により東インドという一つの政治的単位にまとめられる前のインドネシアには、各地に大小多数の君主国が林立していた。植民地支配地域の拡大にあたりオランダは、これらの国々の多くを滅ぼしたが、協約を結んでこれらの君主にオランダの宗主権を認めさせ、その領地を「自治領」としてオランダ領東インドの一部に編入・温存する場合も少なくなかった。そのため植民地時代の末期には、スマトラ、カリマンタン、ジャワ、バリ、ヌサテンガラ（当時は「小スンダ」と呼ばれた）、スラウェシ、マルクなどの各地に、多くの「自治領主」としての君主たちとその王宮が存在した。太平洋戦争中の日本占領期（一九四二年三月〜一九四五年八月）にも、この体制は基本的に存続した。

一九四五年九月から一九四九年までの独立戦争期には、ジョクジャカルタのスルタンのようにインドネシア共和国側を熱心に支持する君主もいたが、多くの君主は態度を鮮明にせず、中には民衆の反乱を恐れてオランダ支配の復活に王家存続の望みを託す者もいた。独立戦争終結の和平交渉にあたりオランダは、これらの君主たちを多数の地方政権の指導者として利用する「インドネシア連邦共和国」を結成し、「インドネシア共和国」をその一部に閉じ込めて勢力を削ぐことを画策し、その成果は一九四九年末のハーグ円卓協定に盛り込まれた。

しかし、翌一九五〇年八月までの短期間にほとんどすべての地方君主たちは「インドネシア共和国」への忠誠を表明して地方政権を解散したために、砂上の楼閣のような「連邦共和国」は崩れ去り、現在まで続く単一共和国体制が確立した。インドネシア共和国への編入にあた

写真7-14　ジョクジャカルタのスルタン王宮にて

り、地方君主の中には退位して下野する者もあれば、植民地期の「自治領」の体制を引き継いだ共和国の地方自治体首長として地方統治にあたり続ける者もあった。だが一九六〇年代前半までに旧「自治領」の遺制は一掃されて、公権力としての地方君主の支配は完全に消滅した。

ただし唯一の例外となったのは、独立戦争期に共和国政府と軍を支え臨時首都の提供も行なったジョクジャカルタのスルタンである。同じく旧マタラム王国の系譜を引きながら、本家筋のスラカルタ（ソロ）における君主ススフナン（Susuhunan）がオランダ寄りの態度をとったために独立達成後に旧ススフナン侯領は廃止されて中ジャワ州に編入されたのに対して、旧スルタン侯領は「ジョクジャカルタ特別州」として温存され、その知事職には選挙によらずスルタンが就任することが法律により保証された（写真7－14）。

独立時にスルタンであったハムンクブウォノ（Hameng-kubuwono）九世はのちに共和国政府の国防相、副大統領などの要職を兼任したあと一九八八年に死去したが、その息子の一〇世は法の定めに従い自動的に特別州知事職を継承して現在に至っている。だが、この制度は既に時代遅れだとする根強い批判もあり、今後の変化の余地を残している。

公権力としては姿を消したが、社会的文化的制度としての君主制はジョクジャカルタ以外の地方にも残っており、君主制が廃止された場合でも歴史的建造物としての王宮が保存されている地方も多い。「現存するインドネシアの王宮」（Istana-istana Kerajaan di Indonesia yang masih ada）というタイトルでインターネット上に公開されているあるインドネシア語資料によると、全国には六六の王宮が保存され、その地方別内訳は、スマトラ一二、ジャ

写真7-15　北スマトラ・デリのスルタン王宮（20世紀初めの撮影、現在のメダン市内）

ワ九、バリ九、ヌサテンガラ一〇、カリマンタン一五、マルク三、スラウェシ八となっている。

この六六王宮について現状を調べると、公権力喪失後も世襲の王家が途切れずに現在まで存続し同じ王宮に居住しているものが一六も存在する。内訳は、北スマトラ州の四つのスルタン王宮（デリ、スルダン、アサハン、ダサ・ナワル）（写真7-15）、西ジャワ州旧チルボン王国の三つのスルタン王宮、スラカルタのススフナン王宮と分家筋のマンクヌガラ王宮、ジョクジャカルタのスルタン王宮と分家筋のパクアラム王宮、西カリマンタン州の三つのスルタン王宮（ポンティアナック、メンパワー、サンバス）、北マルク州の二つのスルタン王宮（テルナテ、バチャン）である。また一九五〇年代以降にいったん王制が廃止されたが、スハルト政権が崩壊した一九九〇年代以降に（社会的文化的意味での）君主制復活を掲げて再即位した王が居住する王宮が他に一〇ヵ所もある。残りの四〇ヵ所は歴史的建造物として文化財などの指定を受けて温存されており、その中には博物館として公開されているものも多い。

公権力としての君主制は廃絶されたと述べたが、旧王族・貴族が地方政治の文脈で大きな影響力を温存しているケースは多い。強度に中央集権化された体制を布いていたスハルト政権が倒れて「民主化」「地方分権」が進むとともに、その影響力が公然と表面に現れるようになった事例には事欠かない。インドネシアは紛れもない「共和国」だが、その政治体制を支える文化的社会的メンタリティには「共和制」的とは言いにくい伝統的要素もたくさん含まれているのである。

8

地域の横顔

首都ジャカルタを抱え国の総人口の五割以上が住むジャワ島は、国家行政とともに商工業、金融、各種サービス業、食料生産農業など様々な経済活動の中心地ともなっている。そのため、ジャワでは各都市を結ぶ道路と鉄道もよく発達している。

ジャワ

　ジャワ島の北岸はジャワ海、南岸はインド洋に面し、島の中央部を造山帯が東西に貫いており、数多くの火山がそびえたつ。そのうち十数峰が海抜三〇〇〇メートル前後の高山であり、最高峰は東ジャワのスメル山（Semeru 三六七六メートル）である（写真8－1）。スメルの語源は、古代インド思想で世界の中心にそびえると考えられた須《しゅ》弥《み》山《せん》を意味するサンスクリット語である。標高は富士山よりきっかり一〇〇メートル低いだけのこの山を西側のマラン盆地などから眺めると、その姿も富士によく似ている（ただしいつも噴煙をあげており、冠雪はない）。

　これらの火山の中腹からは乾季も涸れることがない幾本もの渓流が湧き、水田耕作の灌漑に利用しやすい中小河川となって緩傾斜の平野を形成し、海に注いでいる（そのうち流長五四八キロと最も長いのが、歌謡曲の題にもなり日本でも有名なブンガワン・ソロ Bengawan Solo である）（写真8－2）。その上、ジャワ島の火山性土壌は窒素分を多く含み、肥沃である。一平方キロあたりの人口密度は、最も新し

写真8-1　ジャワの最高峰スメル山

い二〇一五年中間人口センサスの集計値から計算した場合、一二〇〇人以上に達する。ジャワの大人口は、この火山が提供する河川の水と肥沃な土壌を利用した水田稲作農業によって支えられてきたのである。ちなみに二〇一一年の統計によると、ジャワ島には合計三二五万ヘクタールの水田があるが、これはジャワ島の総面積（一二万七〇〇〇平方キロメートル）の二五・五%、全国の水田面積（八一〇万ヘクタール）の四〇%に当たり、日本の水田総面積（二〇一三年に二四七万ヘクタール）よりも広い（写真8-3）。

これらの火山列とは別に、西部ジャワと東部ジャワの

写真8-2　ブンガワン・ソロの下流域（東ジャワ州）

写真8-3　ジャワの水田と集落（ジョクジャカルタ特別州）

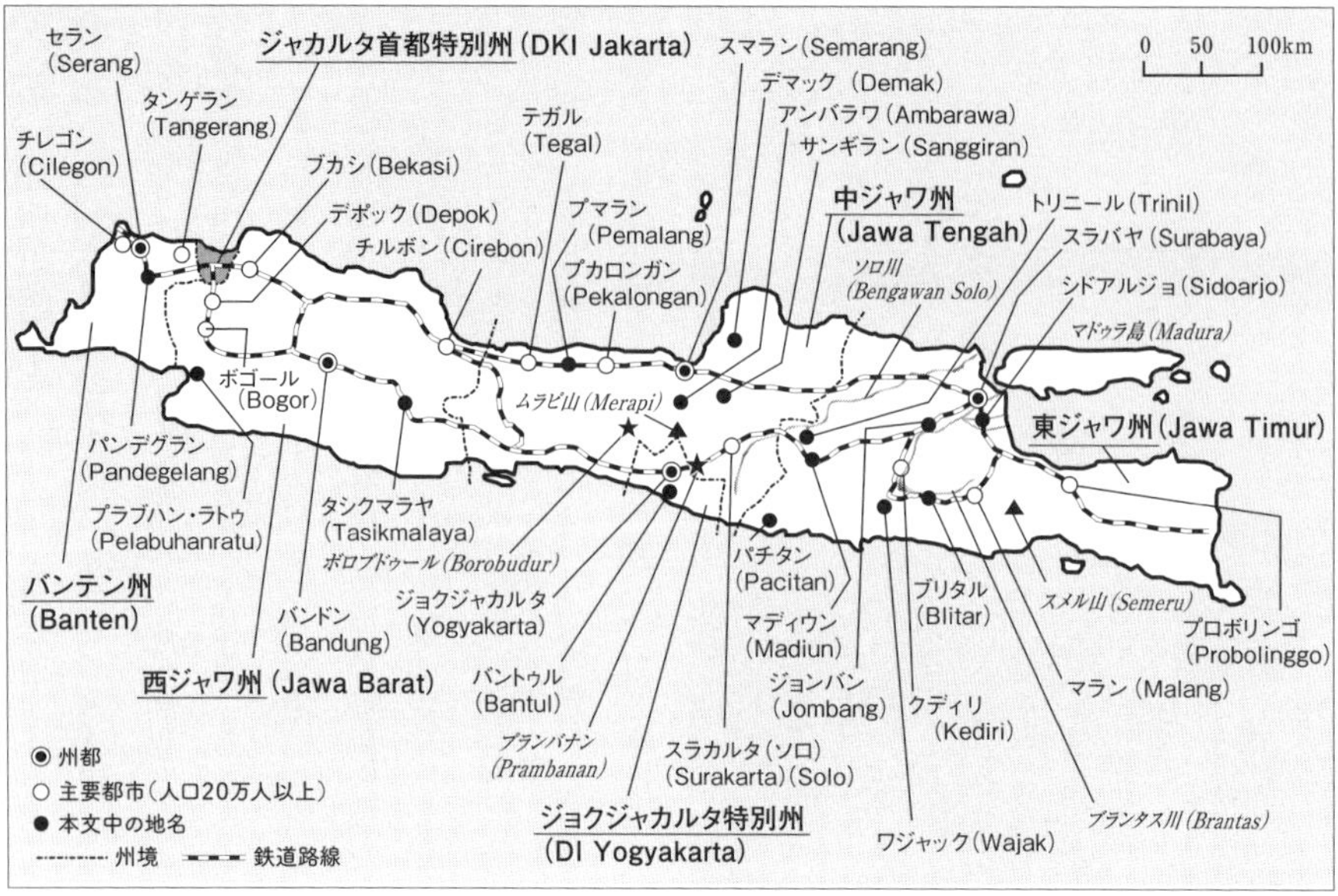

図8-A ジャワ略地図

表8-1 ジャワ6州のプロフィルと主要都市

州	人口 1000人 (2015年)	面積 1000km²	人口密度 km²あたり (2015年)	州都 名称	州都 人口 (1000人)	州都 人口 (年)	その他の主要都市(人口20万人以上) 名称	その他 人口 (1000人)	その他 人口 (年)
ジャカルタ(首都特別州)	10,154	0.7	15,292.1	ジャカルタ	10,154	2015			
バンテン	11,934	9.7	1,235.1	セラン	631	2014	タンゲラン	2,000	2014
							チレゴン	405	2014
西ジャワ	46,668	35.4	1,319.1	バンドン	2,471	2014	ブカシ	2,335	2010
							デポック	1,739	2010
							ボゴール	950	2010
							チルボン	296	2010
中ジャワ	33,753	32.8	1,029.0	スマラン	1,673	2014	スラカルタ(ソロ)	510	2014
							プカロンガン	294	2014
							テガル	245	2014
ジョクジャカルタ特別州	3,676	3.1	1,173.2	ジョクジャカルタ	391	2011			
東ジャワ	38,828	47.8	812.3	スラバヤ	2,834	2014	マラン	846	2014
							クディリ	280	2014
							プロボリンゴ	229	2014

南部には海抜一〇〇〇メートル以下の低い丘陵が東西方向の帯状に伸び、海岸近くにまで迫っている。そのため、主な平野は北海岸側に集中している。中部ジャワではこの丘陵に切れ目があり、南北両岸に平野が広がる。

行政的には、ジャワはジャカルタ首都特別州、バンテン、西ジャワ、中ジャワ、ジョクジャカルタ特別州、東ジャワの六州から成る（表8－1、図8－A）。なお、図8－Aの地図では各地名のインドネシア語のローマ字による綴りを明記した。ジョクジャカルタの場合、州、市とも公式のインドネシア語の表記はYogyakartaで発音も「ヨグヤカルタ」だが、Jogjakartaなどの表記も広く用いられ、日常会話での発音をカタカナで書けば「ジョクジャカルタ」が一番近いので、本書ではこのカタカナ表記に従う。以下、ジャワ以外の各地域の地図においてもインドネシア語の綴りを記載する。

首都のジャカルタ特別州の面積は東京二三区とほぼ等しく、二〇一〇年人口センサスで捕捉された登録居住人口は一〇一五万人である（非登録者を含めた実際の人口はこれよりかなり多いと言われる）。東京と同じくジャカルタは全国各地から人の集まるメトロポリスだが（写真8－4）、

写真8-4　ジャカルタ都心の高層ビル群

写真8-5 ジャワの地方都市の街角で（西ジャワ州チルボン市）

やはり二〇一〇年の人口センサスによれば、ジャワ族の人口が三四五万人で最も多く、ジャカルタの土地っ子であるブタウィ族（Betawi オランダ語起源のバタビアBataviaに由来）の二七〇万人、西部ジャワの多数派種族スンダ族が一四〇万人でこれに次ぐ。

ジャカルタ以西に位置するバンテン州では統計上バンテン族という種族が多数ということになっているが、実態から言うと民衆の多数派はスンダ族、かつてのバンテン王国時代の支配層の系譜を引くエリート層はジャワ族（の分派）と考えてよい。西ジャワ州では、州都バンドンを中心とするプリアンガン高地ではスンダ族が住民の大多数を占める一方、ジャワ海に面した北海岸ではスンダ族とジャワ族の双方が居住している。中ジャワ州とジョクジャカルタ特別州および東ジャワ州の州都スラバヤ以西ではジャワ族が住民の絶対多数を占めるが、スラバヤ以東では、マドゥラ島をはじめマドゥラ族の人口比が高い地域が少なくない。

ジャワには、首都ジャカルタをはじめ、人口一〇〇万人を超す大都市が二〇一〇年の時点で七つもある。ただしそのうち、バンテン州のタンゲラン、西ジャワ州のブ

写真8-6　バンドンとソロを結ぶインドネシア国鉄の急行列車

カシ、デポックの三市はジャカルタに隣接する衛星都市である。これらとジャカルタを除く三市を人口数の順に並べると、スラバヤ（東ジャワ州都、二〇一四年に二八三万人）、バンドン（西ジャワ州都、同年に二四七万人）、スマラン（中ジャワ州都、同年に一六七万人）であり、それぞれ全国でも人口数二、三、五位（ジャカルタの衛星三市を除く）に位置づけられる。

ジャワにはそれ以外にも、ボゴール（西ジャワ州、二〇一〇年に九五万人、国立のボゴール農業大学、ボゴール植物園などがある）、スラカルタ（別名ソロ、中ジャワ州、二〇一四年に五一万人、旧マタラム王国の本家筋にあたるススフナン王宮所在地）、ジョクジャカルタ（同特別州、二〇一一年に三九万人、旧マタラム王国の分家筋にあたるスルタン王宮所在地、国立のガジャマダ大学など多数の教育機関が集中する学都）、マラン（東ジャワ州、二〇一四年に八五万人、バンドンと並ぶ内陸の高原都市）などの重要都市が集中している（写真8−5）。

首都ジャカルタを抱え国の総人口の五割以上が住むジャワ島は、国家行政とともに商工業、金融、各種サービス業、食料生産農業など様々な経済活動の中心地ともなっている。そのため、ジャワでは各都市を結ぶ道路と鉄道もよく発達している（写真8－6）。主な鉄道（国鉄）の幹線は、ジャカルタから北海岸の平野部を経てスマラン、スラバヤを結び、島の東西の端まで達する路線と、内陸のバンドンを経て中ジャワの西端で上記北回り幹線と接続し、南海岸寄りのジョクジャカルタ、スラカルタを経てスラバヤまで続く路線である。ただこれらの鉄道（植民地時代の蘭印国鉄を継承）はいずれも、日本のJR在来線と同じ軌間一〇六七ミリメートルの狭軌で、電化区間もジャカルタ首都圏に限られている。標準軌道による高速電気鉄道の中国との協力による建設計画（ジャカルタ、バンドン間）はあるが、まだ実現していない。

道路も高速道路の区間が少しずつ伸びてはいるものの、各大都市を切れ目なく結ぶまでには至っていない。このため、陸上交通には時間がかかり、人々が帰省する断食明けの休暇の時期などには混雑や渋滞が著しくなる。

スマトラ

南西岸はインド洋、北東岸はマラッカ海峡に面するスマトラ島には、南西側にアルプス・ヒマラヤ造山帯に連なる長大なブキットバリサン（Bukit Barisan）山脈が走る。これに並行してインド洋沖の海底にはオーストラリアプレートとユーラシアプレートの衝突面があり、たびたび巨大地震を引き起こす元となっている。

ブキットバリサン山脈には、ジャワと同じく海抜三〇〇〇メートル前後の高山を含む多くの火山がある。そのうち最高峰は西スマトラ州とジャンビ州の境にそびえるクリンチ山（Kerinci　三八〇五メートル）で富士山よりわずかに高い。

ブキットバリサンの山中にはまた、火山湖を含むいくつかの湖が点在している。中でも琵琶湖の一・七倍近い面積を持つ世界最大のカルデラ湖で箱根の芦ノ湖よりも高所（湖面の海抜九〇五メートル）にある北スマトラ州のトバ（Toba）湖は、過去数十万年間に起きた三回の超巨大噴火によって形成されたと考えられており、観光地とし

写真8-7　雄大なトバ湖の景観

ても名高い（写真8－7）。トバ湖周辺地域を含め、ブキットバリサン山脈中のいくつかの高原盆地では古くから水田や畑が開かれ、北スマトラのバタック族、西スマトラのミナンカバウ族などの特色ある地方社会と文化が育まれてきた。

ブキットバリサンからは、東岸のマラッカ海峡へと多くの水量豊かな河川が流れている。特に大きな川を河口の位置により北から順に挙げると、ロカン（Rokan リアウ州）、シアック（Siak 同）、カンパル（Kampar 同）、インドラギリ（Indragiri 同、別名クアンタン Kuantan）、バタンハリ（Batanghari ジャンビ州、流長約八〇〇キロ、スマトラで最長）、ムシ（Musi 南スマトラ州、流長約七五〇キロ）などである。

リアウ、ジャンビ、南スマトラの三州には、これらの川が作る広大な平野と湿地が広がっているが、水田耕作に適する土地はわずかである（二〇一一年の統計によると、スマトラの水田総面積は二三一万ヘクタールでジャワより小さい）。スマトラの伝統的交通路はもっぱらこれら河川の舟運を利用してきた。いずれも州都であるプカンバル、ジャンビ、パレンバンの三市も、それぞれシアック川、バタン

写真8-8　シアック川（リアウ州）

ハリ川、ムシ川沿いの河港として発達をとげた（写真8−8）。

これらの平野は延々と続く熱帯雨林に覆われていたが、最近数十年間急速に進んだ伐採とアブラヤシ農園や製紙原料用のユーカリ・アカシア植林地への地目転換により景観を急変しつつある。

行政上、スマトラはアチェ特別自治州、北スマトラ、西スマトラ、リアウ、リアウ諸島、ジャンビ、南スマトラ、バンカ・ブリトゥン、ブンクル、ランプンの一〇州から成る（表8−2、図8−B）。

スマトラには数多くの異なる種族が住むが、州ごとに特に人口比の高い種族を挙げれば次のとおりである。

まず最北端のアチェでは、全人口の約七割がアチェ族から成る。その南側の北スマトラ州の人口の四割以上はバタック族、三割以上はジャワ族から成る。ジャワ族の多くは、ジャワからプランテーション労働者として移住した人々またはその子孫たちである。西スマトラ州（二〇一五年の人口五一九万人）では、人口の九割近くがミナンカバウ族である（写真8−9、10）。

その東側のリアウ州の場合は、約三三％がムラユ族、

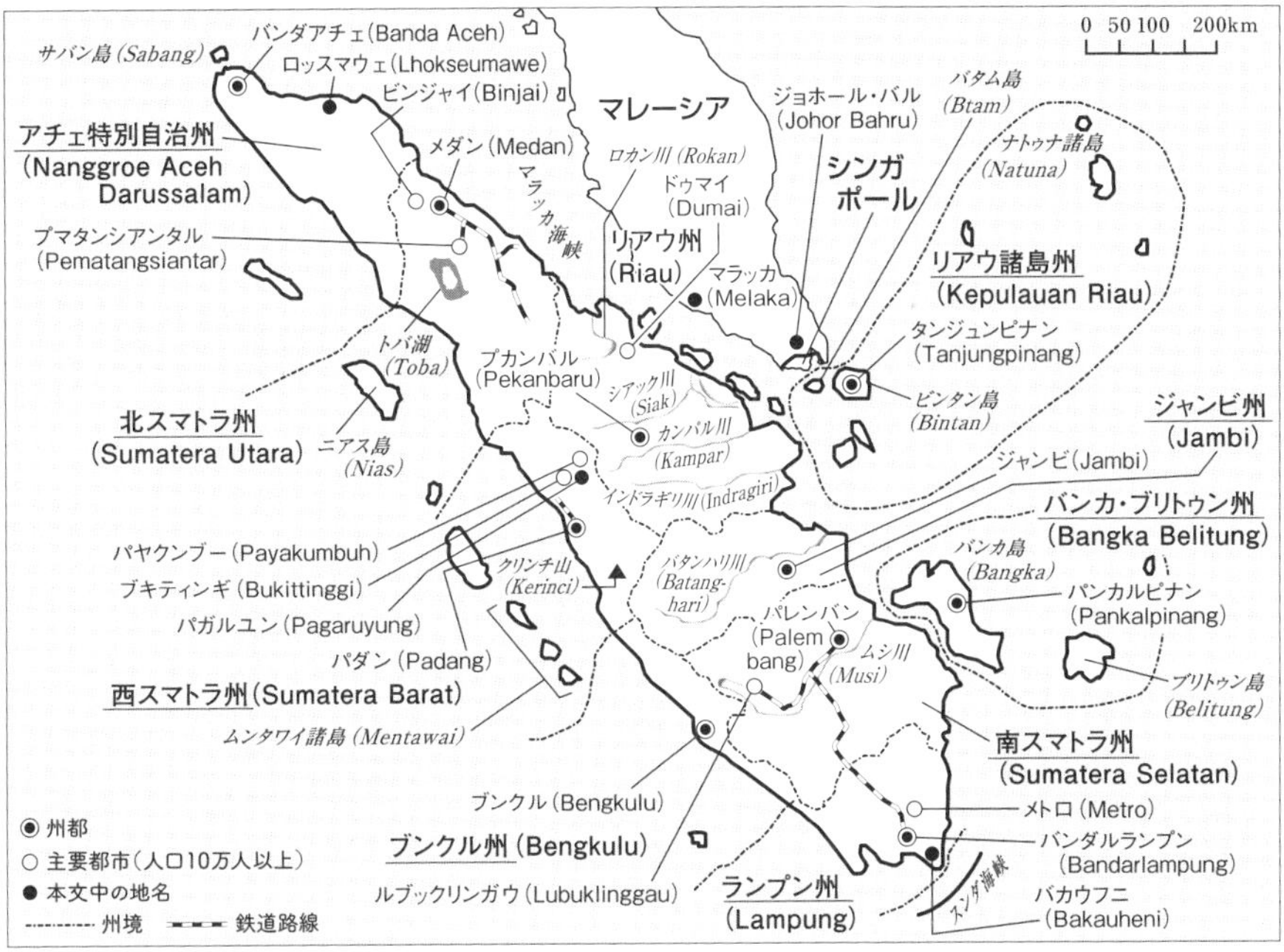

図8-B スマトラ略地図

表8-2 スマトラ10州のプロフィルと主要都市

州	人口 1000人 (2015年)	面積 1000 km²	人口密度 km²あたり (2015年)	州都 名称	州都 人口 (1000人)	州都 人口 (年)	その他の主要都市(人口10万人以上) 名称	その他 人口 (1000人)	その他 人口 (年)
アチェ (特別自治州)	4,993	58.0	86.2	バンダアチェ	499	2014			
北スマトラ	13,923	73.0	190.8	メダン	2,191	2014	ビンジャイ	261	2014
							プマタンシアンタル	245	2014
西スマトラ	5,191	42.0	123.5	パダン	890	2014	パヤクンブー	126	2014
							ブキティンギ	120	2014
リアウ	6,331	87.0	72.7	プカンバル	1,011	2014	ドゥマイ	280	2014
リアウ諸島	1,968	16.4	119.8	タンジュンピナン	200	2014			
ジャンビ	3,397	50.1	67.9	ジャンビ	532	2010			
南スマトラ	8,043	91.6	87.8	パレンバン	1,558	2014	ルブックリンガウ	206	2011
バンカ・ブリトゥン	1,370	16.4	83.4	パンカルピナン	192	2014			
ブンクル	1,872	19.9	94.0	ブンクル	335	2013			
ランプン	8,110	34.6	234.2	バンダルランプン	1,167	2014	メトロ	162	2014

写真8-9　ブキットバリサンの山村風景（西スマトラ州）

二九％がジャワ族（農民またはプランテーション労働者として入植）、一三％弱がバタック族（北スマトラから南下）、一二％あまりがミナンカバウ族とされる。二〇〇二年にリアウから分離したリアウ諸島州では、人口の三六％弱がムラユ族、二二％強がジャワ族、華人とミナンカバウ族がそれぞれ九％強と言われる。リアウの南側のジャンビ州でも、約三八％がムラユ族、約二八％がジャワ族から成り、この地方独自のクリンチ族が一〇％強でこれに続く。そのまた南側の南スマトラ州でも、ムラユ族が三四％強、ジャワ族が約二七％と、類似の構成になっている。さらに同州から二〇〇〇年に分離したバンカ・ブリトゥン州ではムラユ族が七割以上を占め、華人の一二％弱がこれに続く。

マラッカ海峡をはさんで半島部マレーシアと対峙する以上の五州は、インドネシアでムラユ族、つまりマレーシアのマレー人と同じ種族の人口比が最も高い地域である。

これに対してインド洋に面するブンクル州では、地つきのルジャン族（Rejang）が人口の約六割を占め、移住者であるジャワ族が二二％強、やはり地つきのスラワイ族

写真8-10　ミナンカバウ族の伝統家屋(西スマトラ州)

(Serawai)が約一八％でこれに続く。最南端に位置し、スンダ海峡をはさんでジャワ島に対峙するランプン州(同年人口八一一万人)では、もともと移住者であったジャワ族の人口が約六五％を占め、地つきのランプン族(一三％弱)を大きく上回る。これに続くのは、やはり西部ジャワからの移住者であるスンダ族(一一％強)である。

スマトラには、二〇一四年時点で人口一〇〇万人を超える大都市が四つ存在する。北から順に、メダン(二二九万人、北スマトラ州都)、プカンバル(一〇一万人、リアウ州都)、パレンバン(一五六万人、南スマトラ州都)、およびバンダルランプン(一一七万人、ランプン州都)である。

メダンは、ジャワ以外のいわゆる外島地域で最大の都市であり、ジャカルタ首都圏の衛星都市を除けば全国的にも人口数第四位に位置している。メダンを取り巻くスマトラ北部の東海岸地域では一九世紀後半からタバコ、ゴムなどのプランテーション産業が成長したが、メダンはその中心都市として発展をとげた。市内には、マラッカ海峡に面した海港ブラワンがあり、地域の産品の輸出港として機能している。

メダンに次ぐスマトラ第二の大都市パレンバンは、大

写真8-11　ムシ川を往く小舟（南スマトラ州パレンバン市）

河ムシ川に面する港町として非常に古い時代から栄えた（写真8－11）。今日のパレンバンにも大型コンテナ船の寄港が可能な喫水の深い港があり、石炭、石油、各種プランテーション産品の積出港として重要な役割を果たしている。

シアック川に面するプカンバルにも河港が発達をとげた。またバンダルランプンも、スンダ海峡に面する海港の町である。

以上四都市の他にもスマトラには、西スマトラ州都パダンやアチェ州都のバンダアチェのように人口の多い重要都市が存在する。

スマトラは、ゴム、アブラヤシ、コーヒーなどのプランテーション産品の他に、石油、石炭などのエネルギー資源が豊富である。パレンバンには石油を原料とする国営企業による巨大な化学肥料製造工場がある（写真8－12）。また、アカシアなどを原料とする紙・パルプ工業も盛んで、日本のホームセンターなどの文房具売り場にはスマトラ製のコピー用紙がたくさん並んでいる。

スマトラには、北スマトラ、南スマトラおよびランプンの各州の一部に植民地期以来の鉄道が通じている。し

写真8-12　国営スリウィジャヤ肥料会社の工場（パレンバン市）

かし、その旅客列車の運行本数はジャワよりずっと少ない。一方、道路は、北端のアチェ特別自治州から南端のランプン州までスマトラ縦貫道路（Jalan Lintas Sumatera）と呼ばれる舗装道が途中二系統に分かれながら貫通し、ランプンのバカウフニ港でジャワへのフェリー航路に接続している。またスマトラ縦貫の有料高速道路（Jalan Tol Trans Sumatera）の建設計画もあるが、まだ実現には至っていない。

カリマンタン

環太平洋造山帯とアルプス・ヒマラヤ造山帯の交点に近い地域に位置するカリマンタン（ボルネオ）の地形も山がちだが、島全体の最高峰をなすキナバル山（海抜四〇九五メートル）はマレーシア領（サバ州）にあり、インドネシア領内の最高峰は中カリマンタン州と西カリマンタン州の州境にそびえるブキット・ラヤ（Bukit Raya 二二七八メートル）である。大ざっぱに言うと、東、中、西のカリマンタン三州の境とマレーシアとの国境に沿う形で海抜一〇〇〇〜二〇〇〇メートル級の複雑な地形の山脈が走っており、そこから流れ出す河川の分水嶺ともなっている。

カリマンタンには、インドネシアでは最も長大な河川が集中している。東側から時計回りに挙げると、東カリマンタン州内を東へ流れるマハカム（Mahakam 流長約九二〇キロ）（写真8－13）、中カリマンタン州から南カリマンタン州へ南に流れるバリト（Barito 流長九〇九キロ）、そのすぐ西側の中カリマンタン州内を南へ流れるカハヤン（Kahayan 流長六〇〇キロ以上）、西カリマンタン州内を西へ流れるカプアス（Kapuas 流長一一四八キロ、インドネシアで最長）の四河川である。これらの河川の下流域には広い平野とデルタ湿地帯が形成されているが、ここでも水田耕作が可能な土地は少ない。

スマトラと同じように、伝統的交通路はこれらの河川を利用するもので、東、南、中、西カリマンタン各州の州都であるサマリンダ、バンジャルマシン、パランカラヤ、ポンティアナックの各市も、これらの川（またはその支流）の中・下流ないし河口における港町として発達したものである（写真8－14）。

カリマンタンの山地には、スマトラとは違い、火山や田畑の広がる高原盆地は存在しない。そこは昔ながらの狩猟・採集・焼畑により生計を立ててきた森の民ダヤック族の世界である。反面、沿海地域は定着農業を営むムラユ族またはバンジャル族が人口の多数を占め、ジャワやスラウェシからの移住民も多い。

スマトラと同じく、かつてカリマンタンの広大な地域を占めていた熱帯雨林は、伐採や農園開発により急速に減少している（写真8－15）。やはり二〇一一年の統計によるとカリマンタンの水田面積合計は一〇七万ヘクター

写真8-13　マハカム川の沿岸集落(東カリマンタン州)

写真8-14　カプアス川の小舟(西カリマンタン、ポンティアナック市)

写真8-15　樹齢20年を超え成熟しきったアブラヤシ農園（西カリマンタン州）

ルで、ジャワの三分の一程度、スマトラの半分以下に過ぎない。

カリマンタンはまた、インドネシア最大の石炭産地で露天掘りによる採掘が各地で行なわれている。

行政上、カリマンタンは西、中、南、東、北カリマンタンの五州に分かれる（表8－3、図8－C）。人口は最も多い西カリマンタン州でも四七八万人（二〇一五年）しかいない。各州ごとの主要種族別人口比（二〇一五年推計）を見ると、西カリマンタンではダヤック族（三五％）とムラユ族（三四％）がほぼ拮抗し、ジャワ族（一〇％）、華人（八％）がこれに続く。中カリマンタンではダヤック族が四七％と最多であり、ジャワ族（二二％）、バンジャル族（二一％）がそれに続く。南カリマンタンではバンジャル族が七四％で圧倒的に多く、移住民のジャワ族（一五％）がそれに次ぐ。東カリマンタンでは移住民のジャワ族（三〇％）とブギス族（二一％）が多数を占め、残りはバンジャル族（一二％）、ダヤック族（一〇％）、クタイ族（八％、イスラーム化したダヤック族の分派）の順となっている（写真8－16）。

カリマンタンには人口一〇〇万人以上の都市はない。

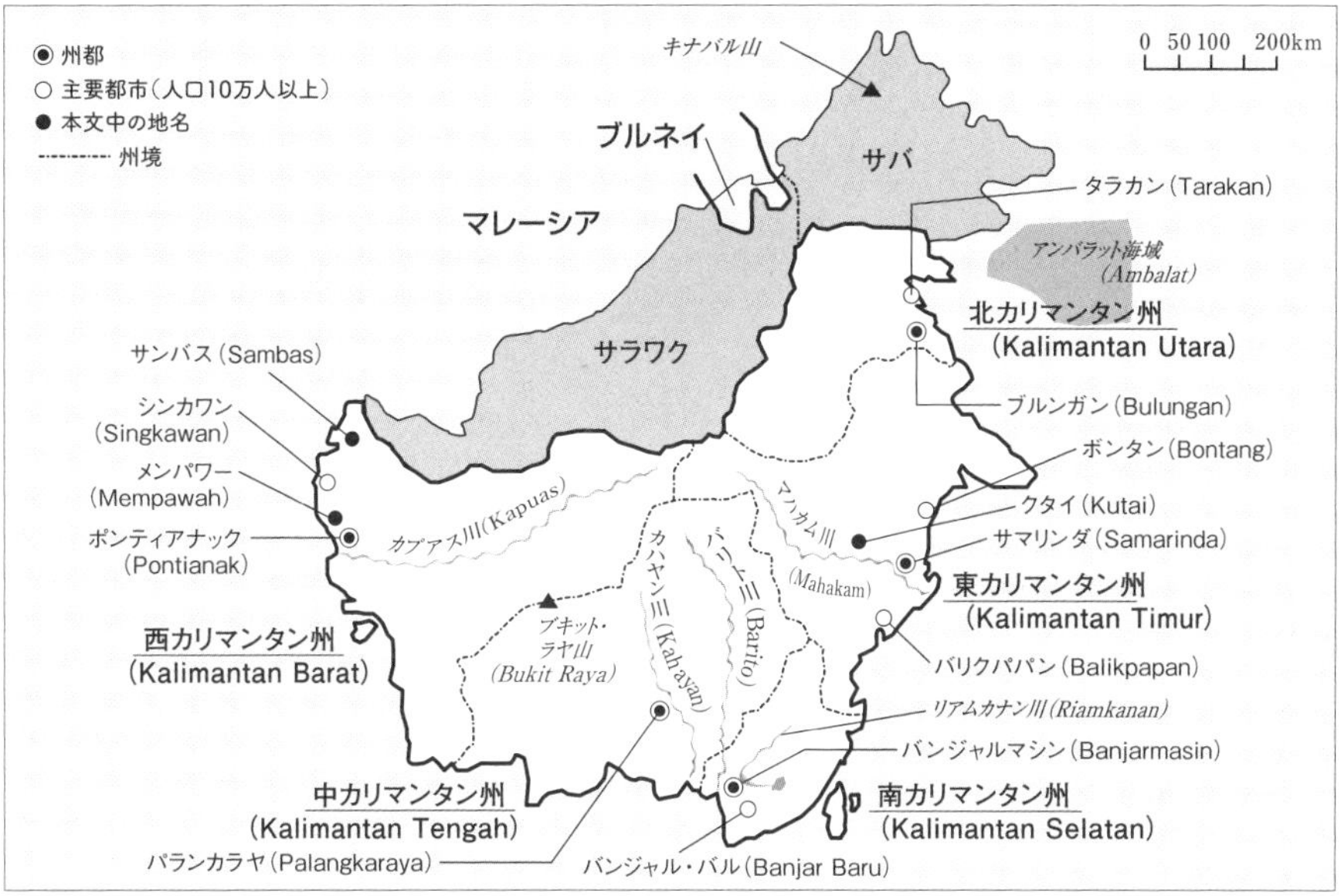

図8-C　カリマンタン略地図

表8-3　カリマンタン5州のプロフィルと主要都市

州	人口 1000人 (2015年)	面積 1000 km²	人口密度 km²あたり (2015年)	州都 名称	州都 人口 (1000人)	(年)	その他の主要都市(人口10万人以上) 名称	人口 (1000人)	(年)
西カリマンタン	4,783	147.3	32.5	ポンティアナック	555	2010	シンカワン	186	2010
中カリマンタン	2,490	153.6	16.2	パランカラヤ	252	2014			
南カリマンタン	3,984	38.7	102.8	バンジャルマシン	666	2014	バンジャル・バル	228	2014
東カリマンタン	3,423	129.1	26.5	サマリンダ	797	2014	バリクパパン	605	2014
							ボンタン	156	2014
北カリマンタン	640	75.5	8.5	ブルンガン(県)	123	2013	タラカン	219	2013

東カリマンタンの州都サマリンダの人口が最大（八〇万人、二〇一四年）で、南カリマンタン州都のバンジャルマシン（六七万人、同年）、東カリマンタンの海港で石油産業の中心都市バリクパパン（六一万人、同年）、西カリマンタン州都のポンティアナック（五六万人、二〇一〇年）がこれに続く。

華人が住民の大多数を占め地名も華語（客家語）の「山口洋」に由来するシンカワン（西カリマンタン）、天然ガス関連工業プラントがあり、人口の大半をジ

写真8-16 祭典用伝統衣装をまとったダヤック族の人々

ャワ族とブギス族が占める漁港町ボンタン（東カリマンタン）のような特色ある中都市も存在する。

カリマンタンには鉄道はなく、かつては全島をつなぐ道路もなかった。各州内の移動は道路または河川の舟運による。今は北部、中部、南部の三つのルートで島を東西に横断する道路網の整備が進められているが、州境を越える移動は空路による場合も多い。主に鉱産資源を運搬する鉄道の建設計画はあるが、二〇一六年の時点ではまだ実現していない。

写真8-17　バリの棚田

バリとヌサテンガラ

「2自然と地理」で説明したように、時間帯こそ違うものの、ジャワ島とバリ島を隔てる海峡の幅は最も狭い部分では三キロにも満たず、自然環境の点でも二つの島の間には共通点が多い。島の中央部を東西に走る造山帯にはやはりいくつもの火山が並んでいる。バリ島の最高峰は島の東部にそびえるアグン山（Agung 三一四二メートル）である。ジャワと同じくバリでも、これらの火山の中腹からは乾季も涸れることがない幾本もの渓流が湧き出して海へと流れ下り、灌漑による水田稲作を可能にしている（写真8－17）。

バリ島の東側に延々とつながる火山列島は、英語ではスマトラ、ジャワ、カリマンタン、スラウェシから成る「大スンダ諸島」に対比して「小スンダ諸島」（Lesser Sunda Islands）と呼ばれる。インドネシア語ではスマトラやジャワから見て南東方向に位置するため、「南東諸島」を意味するヌサテンガラ（Nusa Tenggara）の名で呼ばれている。

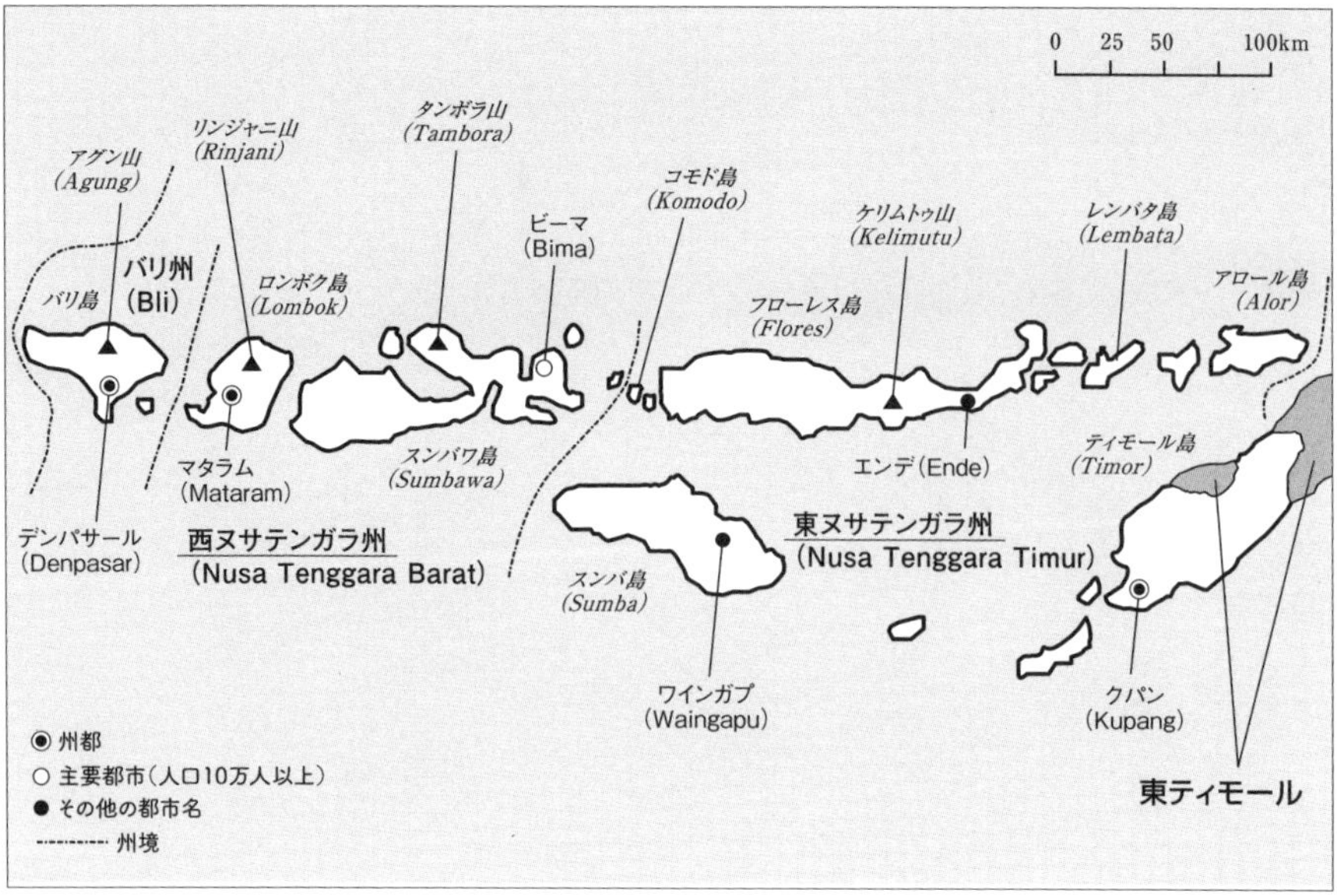

図8-D バリ・ヌサテンガラ略地図

表8-4 バリ・ヌサテンガラ3州のプロフィルと主要都市

州	人口 1000人 (2015年)	面積 1000 km²	人口密度 km²あたり (2015年)	州都			その他の主要都市（人口10万人以上）		
				名称	人口		名称	人口	
					(1000人)	(年)		(1000人)	(年)
バリ	4,149	5.8	717.7	デンパサール	789	2010			
西ヌサテンガラ	4,830	18.6	260.1	マタラム	441	2014	ビーマ	156	2014
東ヌサテンガラ	5,113	48.7	104.9	クパン	368	2013			

ヌサテンガラは、西から数えてロンボク（Lombok）、スンバワ（Sumbawa）、スンバ（Sumba）、フローレス（Flores）、ティモール（Timor　同島の西半分がインドネシア領）の比較的大きな五島とその周辺の小さな島々から成る。

ヌサテンガラには、海抜一〇〇〇～二〇〇〇メートル級の火山がたくさんある。その大半が、インドネシアでは最も乾季の雨量の少ないサバナ気候地域に属しており、草原と落葉樹林が多い。

バリ以東の島々は、行政的にはバリ、西ヌサテンガラ（略称NTB）、東ヌサテンガラ（略称NTT）の三州に分かれている（表8-4、図8-D）。ヌサテンガラの上記五島のうち、ロンボク、

写真8-18　バトゥ・ヒジャウ銅鉱山(スンバワ島)

スンバワは西ヌサテンガラ州、スンバ、フローレス、西ティモールは東ヌサテンガラ州に属している。

ロンボク島（二〇一〇年の人口三一七万人）の人口の約八五%はイスラーム教徒のササック（Sasak）族だが、ヒンドゥー教徒のバリ族も一〇～一五%を占める。同島には、ヌサテンガラの最高峰リンジャニ山（Rinjani　三七二六メートル）がそびえる。西隣のバリ島に続いてビーチリゾートなどの観光開発が進められている。

スンバワ島（同年の人口一三三万人）の大半の住民は、西部のスンバワ族系と東部のビーマ（Bima）族系とに二分されるが、いずれも大半はイスラーム教徒である。スンバワ島には「2自然と地理」で述べたタンボラ山があるうえ、造山帯の交点に位置するために鉱物資源が豊富で、アメリカのニューモント社が経営し、二〇一六年まで日本の住友商事も出資していたバトゥ・ヒジャウ（Batu Hijau）鉱山は銅と金を豊富に産出する（写真8−18）。

スンバ島（二〇一〇年の人口六六万人）は古来白檀《びゃくだん》（cendana）の、また優れたイカット（ikat　絣《かすり》織りの布）（写真8−19）の産地として知られる。この島の住民の多くはキリスト教徒（多くはプロテスタント）である。

写真8-19 ヌサテンガラの伝統織物(イカット) の織機

フローレス島(同年の人口一八三万人)は一六世紀から一九世紀半ばまでポルトガルの強い影響下にあった。島の名前もポルトガル人たちの命名による。この島の住民はいくつもの異なる地方語を話すグループに分かれているが、ポルトガル時代の布教の結果、そのほとんどがカトリック教徒である。この島には、三色の火口湖を持つことで有名なケリムトゥ山(Kelimutu 一六三九メートル)がある。

西ティモール(同年の人口一六七万人)の住民も、複数の異なる地方語のグループに分かれている。スンバ、フローレス両島とともにティモール島も白檀の産地として古くから知られ、ポルトガルとオランダの支配下に置かれた。両者の領土の境が最終的に確定された一九一二年以降、東ティモールはポルトガル領、西ティモールはオランダ領となった。一九四九年に西ティモールはインドネシアの一部となり、東ティモールも一九七五年いったんインドネシアに併合されたが、二〇〇二年に東ティモール民主共和国として分離・独立した。西ティモールの住民も大半がキリスト教徒(カトリックが主流)である。

二〇一一年の統計では、ヌサテンガラの水田面積は西

写真8-20　コモドオオトカゲ

ヌサテンガラ州が二四万ヘクタール、東ヌサテンガラ州が一四万五〇〇〇ヘクタールに過ぎない。反面、サバナ気候により草原が多いので、牛馬の飼育など畜産が盛んである。また、バリ島とロンボク島の間の海峡には「ウォーレス線」と呼ばれる生物分布の境界線が走っており、ヌサテンガラの生物相はその東側の「オーストラリア区」に属するとされている。

ヌサテンガラには上記五島の他に、コモド（Komodo）、レンバタ（Lembata）、アロール（Alor）、サブ（Sabu）などの島々も存在する。うちフローレス島の西側にあるコモド島は世界最大のオオトカゲの生息地として（写真8－20）、また東側にあるレンバタ島は伝統漁法による捕鯨の慣習で名高い（写真8－21）。

この地域で人口が最も多い都市は、バリの州都デンパサール（二〇一〇年に七九万人）、次いで西ヌサテンガラ州都でロンボク島に位置するマタラム（二〇一四年に四四万人）、および東ヌサテンガラ州都でティモール島西部に位置するクパン（二〇一三年に三七万人）である。それ以外に人口一〇万人を超す都市は、スンバワ島東部のビーマ（二〇一四年に一六万人）だけである。

写真8-21 レンバタ島の伝統捕鯨

また、この地域に鉄道はない。バリとヌサテンガラの上記五島を東西に縦貫する道路と島々をつなぐ連絡船やフェリーの航路はあるが、これらを数珠つなぎにして旅する人は少ない。空路か海路が遠く離れた島々のあいだを移動する一般的交通手段になる。

スラウェシ

欧米語ではセレベス（Celebes）とも呼ばれるスラウェシは四つの半島が山脈を通じて一つにつながり、海岸線の輪郭が、よく言われるようにまるでタツノオトシゴのような形をした島である。島の総面積は約一八万平方キロメートルで、本州の四分の三ほどの大きさに当たる。

地形は山がちで海抜一〇〇〇〜二〇〇〇メートル級の山々が島のいたるところにそびえている。最高峰は南スラウェシ州の北部にあるランテマリオ山（Rantemario 三四七八メートル）である。

一方、スラウェシの活動的な火山は、北スラウェシ州に集中している。「2自然と地理」の図2－Bに掲げたソプタン（Soputan）、ロコン（Lokon）、ルアン（Ruang）、カランゲタン（Karangetang）、アウ（Awu）の五峰はいずれも、一九九一年からの二五年間に爆発を起こした履歴がある。前二者はスラウェシ本島、後三者はその北側の付属島嶼にそびえている。また北、中、南、東南スラウェシ各州の山地や高原には、多くの湖が存在する。

スラウェシは行政的には、北スラウェシ、ゴロンタロ、中スラウェシ、西スラウェシ、南スラウェシ、東南スラウェシの六州から成る（表8－5、図8－E）。各州人口の種族別構成比は次のとおりである。

北スラウェシ州ではマナド周辺（写真8－22）に住むミナハサ族が三〇％で最も多く（写真8－23）、スラウェシ本島とフィリピンのミンダナオ島とのあいだの島々に住むサンギル（Sangir）族が二〇％でこれに次ぎ、他はモンゴンドウ（Mingondow）族が一一％、ゴロンタロ族が七％などとなっている。

西隣のゴロンタロ州では人口の八割以上をゴロンタロ族が占める。中スラウェシ州は種族の多様性が最も顕著な地域で、州都パルの周辺に住み最も人数の多いカイリ（Kaili）族でも総人口の二〇％程度、次いで南スラウェシから進出したブギス族が一四％程度で、残りの六割以上は数え切れないほど多くの小種族から構成されている。

二〇〇四年に南スラウェシから分離した西スラウェシ州では、人口の五割近くをマンダル（Mandar）族が占め、次いでトラジャ（Toraja）族一四％、ブギス族一一％などの順になっている。

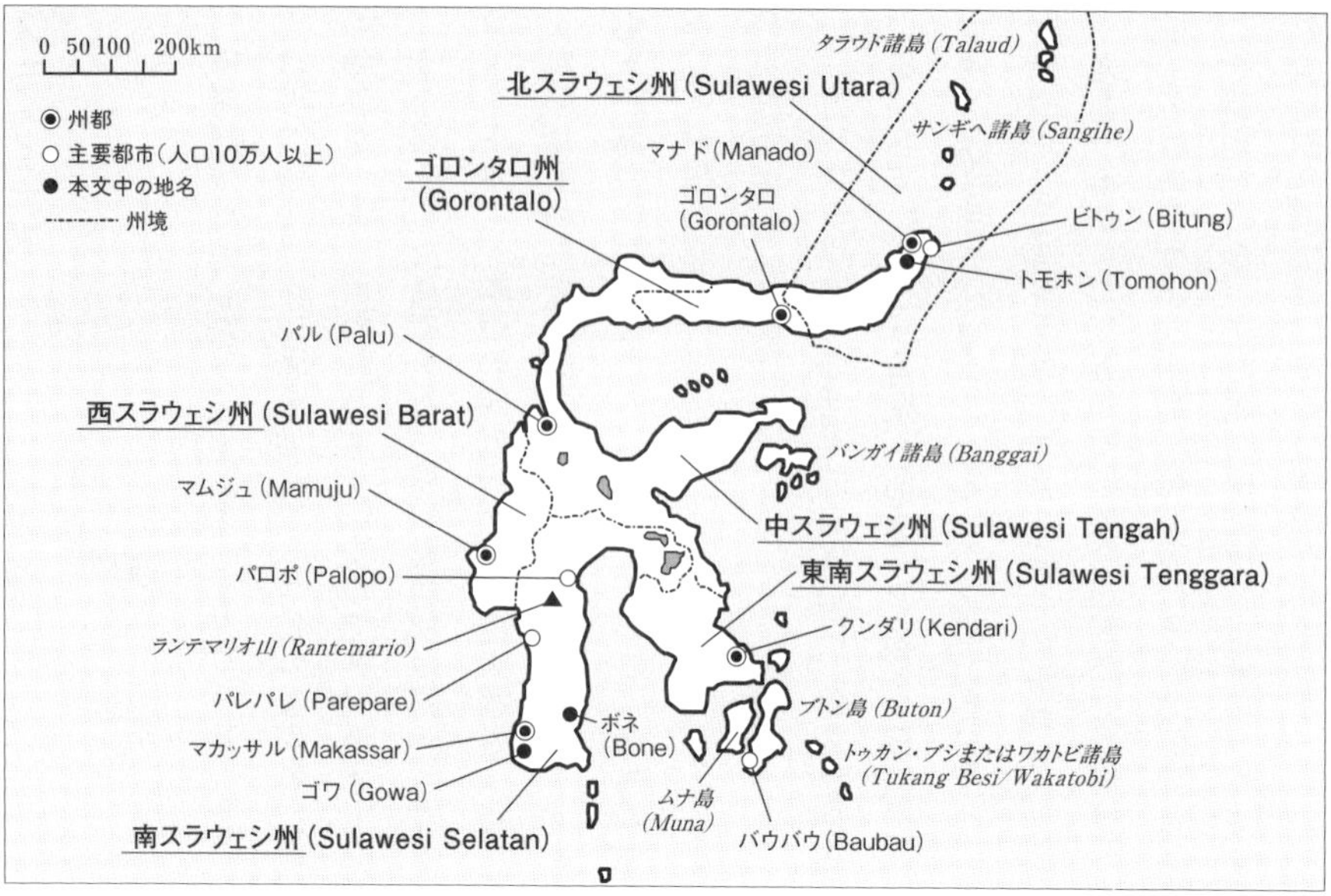

図8-E スラウェシ略地図

表8-5 スラウェシ6州のプロフィルと主要都市

州	人口 1000人 (2015年)	面積 1000 km²	人口密度 km²あたり (2015年)	州都			その他の主要都市(人口10万人以上)		
				名称	人口 (1000人)	(年)	名称	人口 (1000人)	(年)
北スラウェシ	2,410	13.9	174.0	マナド	423	2014	ビトゥン	202	2014
ゴロンタロ	1,132	11.3	100.5	ゴロンタロ	198	2014			
中スラウェシ	2,873	61.8	46.5	パル	362	2014			
西スラウェシ	1,280	16.8	76.2	マムジュ(県)	259	2014			
南スラウェシ	8,513	46.7	182.2	マカッサル	1,408	2013	パロポ	161	2013
							パレパレ	135	2013
東南スラウェシ	2,495	38.1	65.5	クンダリ	290	2010	バウバウ	137	2010

スラウェシで人口が最大の南スラウェシ州の場合は、ブギス族が四二%で最も多く(写真8−24)、次いでマカッサル族二五%、鳥葬と舟形家屋で有名なトラジャ族が九%程度となっている(写真8−25)。ブギス族は州都マカッサル近辺の北東部、マカッサル族はその南西部、トラジャ族は州域北端の山岳地帯に多く居住する。古来、海洋民族として知られたブギス族は、インドネシア各地の海岸部に移住し

写真8-22　海に面したマナドの町

写真8-23　ミナハサ族の伝統衣装

写真8-24 ブギス族の婚礼衣装

写真8-25 トラジャ族の伝統的舟形家屋（トンコナン）

写真8-26　海から見たマカッサル市

て独自の集落を営むだけでなく、隣国のマレーシアへも多くの移住民を輩出してきた。

最後に東南スラウェシ州の場合は、州都クンダリの周辺に住むトラキ（Tolaki）族が総人口の三割を占め、南部のブトン島に住むブトン族が二六％、ムナ島に住むムナ族が一九％でこれに続く。

古くから各地の物産が行き交う海港として栄えた南スラウェシ州都マカッサルは、スラウェシ随一の大都市（二〇一三年の人口は一四一万人）であるとともに、東部インドネシア（ヌサテンガラ、スラウェシ、マルクおよびパプアの総称）でただ一つ一〇〇万人以上の人口を持つ都市でもある。スハルト政権期の一九七一年にこの町の公式名称はウジュンパンダン（Ujungpandang）市に改められたが、二〇〇〇年には旧名のマカッサルに復帰した（写真8－26）。

人口がマカッサルに次ぐのは、北スラウェシ州都のマナド（二〇一四年に四一万人）で、欧米語ではメナド、ジャカルタのインドネシア語ではムナドと発音されるが、北スラウェシ現地の発音はマナドである。

中スラウェシ州都のパル（二〇一四年に三六万人）と東南スラウェシ州都のクンダリ（二〇一〇年に二九万人）がこれ

に続くが、町並みの繁華さはマカッサルやマナドに比べて見劣りする。

スラウェシにも鉄道はない。マカッサルから北方へ、まず一五〇キロほど離れたパレパレまで鉄道を引く計画はあり、二〇一六年に着工式典が行なわれたがいつ実現するかはまだ分からない。

また、マカッサルからマナドまで切れ目なく延々一七〇〇キロに及ぶ舗装道路（スラウェシ縦貫道　Jalan Lintas Sulawesi）があるが、有料の高速道路の区間は二〇一六年時点では、マカッサル市付近の一部を除きまだない。そしてこの道は、中スラウェシからゴロンタロにかけての区間で、雨季の降雨によりしばしば地崩れを起こして補修工事が繰り返されている。実際にマカッサルからマナドまで走り抜ける利用者はまれで、遠隔地どうしの往来は空路や海路によるのがふつうである。

マルク諸島とパプア

統計上よく用いられる大地域区分ではマルク・パプアと一括されることが多いインドネシア東端の地域は、現在行政的には、マルク、北マルク、西パプア、パプアの四州から成り立っている（表8－6、図8－F）。

マルク諸島はかつて単一の州に属していたが、一九九九年にアンボン（Ambon）、セラム（Seram）、ブル（Buru）、カイ（Kai）諸島、アル（Aru）諸島、タニンバル（Tanimbar）諸島などから成るマルク州と、テルナテ（Ternate）、ティドーレ（Tidore）、ハルマヘラ（Halmahera）、モロタイ（Morotai）、バチャン（Bacan）、オビ（Obi）などの島々から成る北マルク州の二州に分かれた。

マルク州の州都はアンボン市である（写真8－27）。北マルク州の州都は二〇一〇年にテルナテ市からハルマヘラ島のソフィフィ（Sofifi）に移されたが、実際の州都機能は依然テルナテ市に残されている。

この地域の主な島々も大半が火山島である。最高峰はセラム島のビナイア（Binaia　海抜三〇二七メートル）だが、

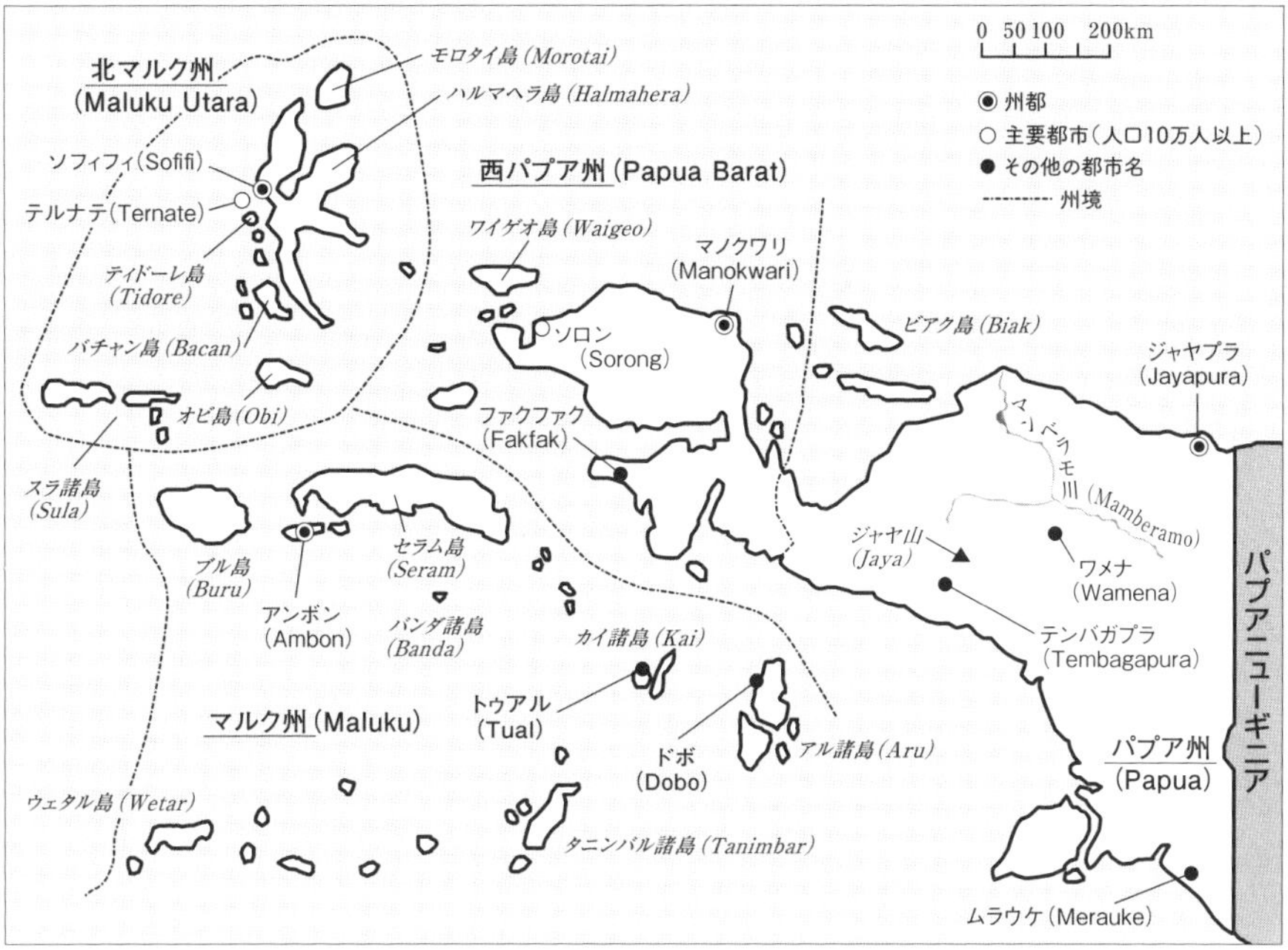

図8-F　マルク・パプア略地図

表8-6　マルク・パプア4州のプロフィルと主要都市

州	人口 1000人 (2015年)	面積 1000 km²	人口密度 km²あたり (2015年)	州都			その他の主要都市(人口10万人以上)		
				名称	人口 (1000人)	(年)	名称	人口 (1000人)	(年)
北マルク	1,160	32.0	36.3	ソフィフィ(注)	37	2012	テルナテ	187	2010
マルク	1,684	46.9	35.9	アンボン	395	2014			
西パプア	869	97.0	9.0	マノクワリ(県)	154	2014	ソロン	255	2014
パプア	3,143	319.0	9.9	ジャヤプラ	316	2014			

(注) ソフィフィ(Sofifi) は、行政区画としては群島ティドーレ市(Kota Tidore Kepulauan) の一部。

多くの島に海抜一〇〇〇メートルを超える火山が林立している。やはり二〇一一年の統計を見ると、これら諸島には、マルク州に一万四〇〇〇ヘクタール、北マルク州には九〇〇〇ヘクタールの水田しかない。

米が絶対的に不足しているので、他の地域から買い入れるかサゴヤシなどで澱粉質を摂らないと食生活が成り立たない。他方、香料の原料作物や漁業資源は豊富だから、それらを採集・販売して食料・衣料など生活必需品を購入する暮らしが遠い昔から行なわれてきた。一六～一八世紀には、この地域が産する丁字《ちょうじ》（ク

写真8-27 アンボン市遠景

ロープ）、肉荳蔲《にくずく》（ナツメグ）などの香料原料の交易権をめぐり、ポルトガル、スペイン、オランダ、イギリスなどが抗争を繰り返した。現在も香料原料はこの地域の重要な産物だが、その他にマグロなどの水産資源やハルマヘラ島（写真8－28）の金、ニッケル、コバルトなど鉱産資源が地域の経済に果たす役割も重要になっている。

マルク諸島には、数え切れないほど多くの地方語を話す種族グループが存在する反面、インドネシア語の普及率も高い。

二〇一〇年人口センサスによって宗教別の人口を見ると、マルク州ではイスラームが五〇％、カトリックが四一％、プロテスタントが七％であり、北マルク州ではイスラームが七四％、カトリックが二五％となっている。イスラームとキリスト教の共存・拮抗がこの地域の特徴である（一九九九年から二〇〇二年にかけて両者のあいだに凄惨な宗教紛争が起きたが、現在は沈静化している）。

マルク、北マルク両州には、前者の州都アンボン（同じ名前の島にある）と後者のテルナテ（やはり同名の島にある）（写真8－29）以外に人口一〇万人を超す都市はない。テルナテや隣のティドーレのように古くから開けた小さな

写真8-28　ハルマヘラ島の伝統家屋。同島ジャイロロ付近の村で。

写真8-29　海から見たテルナテ島

写真8-30　テルナテ島の波止場で

島には島を一周する舗装道路が整備されているが、他の大半の島はそうなっていない。もちろん鉄道は存在せず、島々を結ぶ主要な交通手段は船である。大形の定期船やフェリーの他に船外機を搭載したスピードボートによる輸送が普及している（写真8－30）。船外機はかつてはアメリカ製のものが多かったが、今は日本のヤマハ社製が圧倒的な普及率を誇っている。

また近年は無線通信による携帯電話の普及も進み、無人島や人口極小の島々を除けばほとんどの地域にアンテナが立ち、電話による通話が可能である。

パプア（ニューギニア島の西半分）は一九四九年にインドネシアの独立を認めた後もオランダが領有を続け、その編入を望むインドネシアとのあいだで帰属をめぐる紛争が続いた。一九六二年に国連の調停によりインドネシアの管理下に移され、一九六九年に一〇二六人の長老たちを集めて行なわれた「自由選択決議」に基づいて正式にインドネシア領の西イリアン（Irian Barat）州として編入された（しかし、この「自由選択決議」の正当性を認めない人々によるインドネシアからの分離独立運動が今でも続いている）。その後、スハルト政権下でイリアンジャヤ（Irian Jaya）

州と改名されたが、この名称に反発する住民が多かったために、スハルト政権崩壊後の二〇〇二年にはパプア(Papua)州と改名した。その翌年には最西部の地域を西イリアンジャヤ州として分離したが、これも二〇〇七年には西パプア(Papua Barat)州に改められた。

パプア州の中央には、島嶼部東南アジアで最も険しく高い山脈が東西に走っている。その最高峰はジャヤ山(Jaya 四八八四メートル)だが、この山は最初に発見したオランダ人航海者の名前にちなんでカルステンス(Carstensz)と呼ばれることもある。パプア州には、この他にも海抜四〇〇〇メートルを超え万年雪をいただく高峰がいくつもそびえている。しかし、ジャワやスマトラと違い、火山は見られない。

最高峰ジャヤ山の直下には、世界最大級のグラスベルグ(Grasberg)金・銅山と鉱山町テンバガプラ(Tembagapura)があり、米系フリーポート・マクモラン社による大規模な採掘が行なわれている。

パプア州の中央高地の南側には、広大な低地と湿原が広がり、いくつもの川が蛇行を繰り返しながら南岸のアラフラ海に注いでいる。一方、中央高地の山脈はいくつかの支脈に分岐して並走しているが、その間にはこれも広大な内陸湿原があり、その中を長大なマンベラモ川が流れて北岸の太平洋に注いでいる。流長約六七〇キロのこの川は、流量ではインドネシア最大の大河だ。

また、パプア本島の北西の沖合には、太平洋戦争の激戦地として名高いビアク(Biak)島があり、パプア州に属する同島の空港は現在も、東端にある州都ジャヤプラとマカッサル、ジャカルタなどを中継する交通の要衝となっている。

西パプア州は、島の北西部に突き出た半島の部分から成る。この半島は地図上の形が鳥の頭に似ているため、オランダ語でフォーヘルコップ(Vogelkop)と名付けられた。フォーヘルとは「鳥」、コップとは「頭」のことである。インドネシア領となった今は、それをインドネシア語に直訳してクパラブルン(Kepala Burung)と呼ばれている。

この半島の西北端には、州の最大都市で石油産業の中心地でもあるソロン市がある。一方、東北端には州都のマノクワリがあるが、こちらは市制が未施行であり、同名の県(カブパテン)の県庁所在地に州政府が同居する形

写真8-31　パプアの村人たち

になっている。

二〇一五年中間人口センサスによれば、パプア州の人口は三一四万人、西パプア州の人口は八七万人に過ぎず、インドネシアで最も人口密度の低い地域である。

また二〇一〇年人口センサスによれば、パプア、西パプア両州には日常言語（パプア諸語と総称される）が異なり、人種的にはオーストラロイド系に分類される合計四六六もの土着の種族が居住している（写真8－31）。

同じく二〇一〇年センサスのデータによると、パプア州の場合は人口の二四％、西パプア州の場合は四九％が、ジャワ族、ブギス族などインドネシアの他地域からの移住民から成る。一方、インドネシア語ができる人口比は、西パプア州は九八％で首都ジャカルタに次ぎ高いが、パプア州は七四％で全国三四州のうち最低である。

広大な低地の存在にもかかわらず、二〇一一年の両州の水田面積合計は三・五万ヘクタールに過ぎず、他の地域と異なり地つきの大多数の住民にとって米は日常の主食たりえない。沿岸の低地ではサゴヤシ（の幹から採れるでん粉）、高地では（元来はアメリカ大陸原産の）サツマイモが彼らのあいだでは最も普及した主食作物になっている。

パプア、西パプア両州とも鉄道は存在せず、道路も一部にしか通じていない。パプア縦断道路（Jalan Trans Papua）建設のプランはあるが、まだ実現には至っていない。そのため、州内の離れた土地どうしの往来は小型機による空路輸送に頼る場合が多い。

なお、両州を通じて人口一〇万人以上の比較的大きな都市は、パプア州都のジャヤプラ（二〇一四年に三二万人）と西パプア州のソロン（同年に二六万人）の二つしかない。

9　二人の正副大統領たち

インドネシアの国家元首は大統領で、その最高位の補佐役が副大統領である。一九四五年から五七年までは首相がいて内閣を率いていたが、その後は現在まで大統領が直接に内閣の長を兼ねているのでその行政的権限はとても強い。正副大統領とも任期は五年で、二〇〇四年以降は国民の直接選挙で選ばれ、再選は一回しか認められなくなった。

スカルノ 初代大統領（一九四五～六八年）

フルネーム……Sukarnoまたは Soekarno
愛称……Bung Karno（ブン・カルノ、「スカルノ兄貴」の意）
生没年……一九〇一～七〇年
出生地（市／州）……ブリタル／東ジャワ
種族……ジャワ
学歴……バンドン高等工科学校（今のバンドン工業大学）
職歴……建築デザイナー（一九二六年～）

M・ハッタ 初代副大統領（一九四五～五六年）

フルネーム……Mohammad Hatta
略称／愛称……Bung Hatta（ブン・ハッタ、「ハッタ兄貴」の意）
生没年……一九〇二～八〇年
出生地（市／州）……ブキティンギ／西スマトラ
種族……ミナンカバウ
学歴……ロッテルダム高等商業学校（今のエラスムス大学）
職歴……経済学者・文筆家

スハルト

第二代大統領（一九六八～九八年）

フルネーム……Suharto または Soeharto
略称／愛称……Pak Harto（パッ・ハルト、「スハルト父上」の意）
生没年……一九二一～二〇〇八年
出生地（県／州）……バントゥル／ジョクジャカルタ
種族……ジャワ
学歴……旧制中学校、下士官養成学校
職歴……職業軍人（一九四二～七六年）

ハムンクブウォノ九世

第二代副大統領（一九七三～七八年）

フルネーム……Hamengkubuwono IX
略称／愛称……Sri Sultan（スリ・スルタン）
生没年……一九一二～八八年
出生地（市／州）……ジョクジャカルタ／ジョクジャカルタ
種族……ジャワ
学歴……ライデン大学（オランダ）
職歴……ジョクジャカルタ王宮のスルタン（一九四〇年～）

アダム・マリク

第三代副大統領（一九七八～八三年）

フルネーム……Adam Malik Batubara
生没年……一九一七～八四年
出生地（市／州）……プマタンシアンタル／北スマトラ
種族……マンダイリン・バタック
学歴……旧制中学校
職歴……アンタラ通信社（一九三七年～）

B・J・ハビビ

第七代副大統領（一九九八年）、
第三代大統領（一九九八～九九年）

フルネーム……Bacharuddin Jusuf Habibie
生年……一九三六年
出生地（市／州）……パレパレ／南スラウェシ
種族……ブギス
学歴……アーヘン工科大学（独）
職歴……独メッサーシュミット社副社長（～一九七三年）

A・ワヒド

第四代大統領（一九九九～二〇〇一年）

フルネーム……Abdurrahman Wahid
略称／愛称……Gus Dur（グス・ドゥル、「ドゥル若君」の意）
生没年……一九四〇～二〇〇九年
出生地（県／州）……ジョンバン／東ジャワ
種族……ジャワ
学歴……バグダード大学（イラク）
職歴……ナフダトゥル・ウラマ議長（一九八四～一九九九年）

メガワティ

第八代副大統領（一九九九～二〇〇一年）、
第五代大統領（二〇〇一～二〇〇四年）

フルネーム……Megawati Soekarnoputri
略称／愛称……Mbak Mega（バッ・メガ、「メガ姉さん」の意）
または Bu Mega（ブ・メガ、「メガ母さん」の意）
生年……一九四七年
種族……ジャワ
出生地（市／州）……ジョクジャカルタ／ジョクジャカルタ
学歴……パジャジャラン大学、インドネシア大学（共に中退）

S・B・ユドヨノ　第六代大統領（二〇〇四〜一四年）

フルネーム……Susilo Bambang Yudhoyono
略称／愛称……SBY
生年……一九四九年
出生地（県／州）……パチタン／東ジャワ
種族……ジャワ
学歴……陸軍士官学校、幹部学校　ウェブスター大学（米）
職歴……職業軍人（一九七四〜二〇〇一年）

ジョコ・ウィドド　第七代大統領（二〇一四年〜）

フルネーム……Joko Widodo
略称／愛称……Jokowi（ジョコウィ）
生年……一九六一年
出生地（市／州）……スラカルタ（ソロ）／中ジャワ
種族……ジャワ
学歴……ガジャマダ大学
職歴……家具製造輸出会社経営（一九八八〜二〇〇五年）

ユスフ・カラ

第一〇代副大統領（二〇〇四～二〇〇九年）、
第一二代副大統領（二〇一四年～）

フルネーム……Muhammad Jusuf Kalla
生年……一九四二年
出生地（県／州）……ボネ／南スラウェシ
種族……ブギス
学歴……ハサヌディン大学
職歴……実業家（一九六八年～、ハジ・カラ財閥）

あとがき

筆者が初めてインドネシアという国の存在を意識し注意するようになったのは、今から半世紀以上前の一九六五年八月、高校三年の夏休みのことだった。大学受験の勉強に倦み疲れた筆者は、頭のリフレッシュのために書店で『アジアの十字路』という、その年に日本放送出版協会から刊行されたばかりの写真入りの本を買い求めて読みふけった。同名のテレビ番組のためにインドネシア（とマレーシア）を訪れたＮＨＫの特別取材班により執筆されたその本には、当時スカルノ大統領の庇護下で勢力を拡大していたインドネシア共産党の指導部と、それに対する警戒心を露わにした国軍指導者とのインタビューが紹介されていて、その対立が引き起こすかも知れない政治的大波乱の予兆が感じられた。それから二ヵ月も経たない九月三〇日夜から翌一〇月一日未明にジャカルタで勃発したクーデタ未遂事件と、その後一年以上にわたって続いた共産党への流血の弾圧によって予兆は生々しい現実に変わった。その背後にいったい何があるのか、がこの国に関心を向けるようになった最初のきっかけである。

その後一九六八年の夏、大学三年のときに当時入手できた東南アジア周遊の航空券を使ってフィリピン、シンガポール、タイ、カンボジアを訪れる旅に出た。戦争中のベトナムとまだ政情の安定しないインドネシアへの訪問は控えたが、シンガポールで登ったマウント・フェーバーの丘（当時はまだ禿げ山で、ロープウェイも通じていなかった）から見えたリアウ諸島の景観に印象づけられた。横にいたシンガポール人から、そこがもうインドネシア領であることを教えられ、さらにその先の多数の島々への興味をかき立てられた。

大学を出てアジア経済研究所に就職し、インドネシアの農村経済研究という課題を与えられて現地に赴任したのは一九七六年二月のことだった。当時ジャカルタの玄関口だったハリム空港の通関手続きのときに、トランクの中をかき回す係官の左右に群がったボーイたちが「あなたトモダチ、ワイロ、ワイロ」という奇怪な日本語をささやきながら手を差し出すのには面食らった（インドネシアの名誉のために記すが、今のジャカルタのスカルノ・ハッタ国際空港ではこんなことは皆無である）。夜の町へ繰り出すと、自動車の通行は少なく電灯の明かりもまばらで、空には南十字星を含む多くの星が輝いていた。

任地のジョクジャカルタに着くと、大学のキャンパスに山から降りてきたヒョウが迷い込んだという地方紙の記事にびっくり、夜になると町外れの田んぼには蛍がひしめいていた。またスマトラへ飛行機で訪れると、眼下に果てしなく続く高木の熱帯林の景観に感動した。ジョクジャの下宿先には電話がなく、日本へかけるのは電話局で交換手に依頼する一日仕事、料金もとても高く、二年間の任期中ついに一度も利用しなかった。

それから四〇年あまり、インドネシアは大きく変わった。東南アジアで最悪の交通渋滞に泣き、高層ビルの林立する今のジャカルタで夜空にかろうじて見えるのは月と金星だけだ。農薬が普及した田んぼには蛍はもういない。アブラヤシの農園と製紙原料用の植林地が広がったスマトラやカリマンタンでは、限られた保護区にしか熱帯林は残っていない。最初は一九八〇年末から全国に普及した民営簡易電話局により、日本への国際電話は低料金のダイヤル直通でいつでも可能になった。次いで一九九〇年代末からは携帯電話の爆発的普及が始まり、今では全国どこにいても日本の自宅へプリペイドで電話がかけられる。

流血の惨劇の中で登場し、「開発」を旗印に三〇年以上の長期支配をなしとげたスハルト政権も、一九九七～九八年のアジア経済危機の荒波をかぶってあっけなく終幕を迎えた。その後、「レフォルマシ」と呼ばれる民主化の過程でインドネシアはさらに発展と変貌をとげた。二〇世紀末からのグローバル化と情報・通信革命により格段に変化した今のインドネシアについて「基礎知識」をまとめるには、半世紀前とは大きく異なる視点と方法が必要だ。本書では、そのための努力を精一杯かたむけたつもりだが、どこまで成功したかは読者の皆さまの評価にゆだねたい。

アジア経済研究所から転職後三〇年以上勤務した大学を五年前に定年退職しフリーランスとなった筆者に、本書の執筆に取り組む機会を与えてくださっためこんの桑原晨さんにあらためて謝意を表したい。

二〇一七年一月

加納啓良

写真8-21　レンバタ島の伝統捕鯨

http://www.indonesia.travel/uploads/e809f657b9acaeddd52d2855ad3d888f5dc7d200-84ea1.jpg

写真8-22　海に面したマナドの町

http://hotelterbaiksulawesi.com/wp-content/uploads/2016/02/Kota-Manado-dari-atas-1.jpg

写真8-23　ミナハサ族の伝統衣装

http://www.visualogy.net/wp-content/uploads/2015/10/kawasaran023.jpg

写真8-24　ブギス族の婚礼衣装

http://makassarterkini.com/img/news/asal-usul-suku-bugis.jpg

写真8-25　トラジャ族の伝統的舟形家屋（トンコナン）

http://www.tripinasia.com/wp-content/uploads/TIANET/IMG_3391-1600x900.jpg

写真8-26　海から見たマカッサル市

http://assets-a1.kompasiana.com/statics/crawl/555e27100423bded148b4567.jpeg?t=o&v=1200

写真8-27　アンボン市遠景

http://porosmaluku.com/wp-content/uploads/2016/02/ambon-1.jpg

写真8-29　海から見たテルナテ島

https://upload.wikimedia.org/wikipedia/commons/7/73/USNS_Mercy_off_the_coast_of_Ambon,_Indonesia.jpg

写真8-31　パプアの村人たち

http://2.bp.blogspot.com/-xh1ve9ayBqo/TdLh9IktzcI/AAAAAAAAAHA/H6kU25jdpok/s1600/006477-Papua-DG1-NAT.jpg

写真7-2　T. B. シマトゥパン
http://cdn-2.tstatic.net/tribunnews/foto/bank/images/jenderal-tb-simatupang.jpg
写真7-3　インドネシア国籍証明書（SBKRI）の実例
http://www.wikiwand.com/en/Proof_of_Citizenship_of_the_Republic_of_Indonesia
写真7-5　ジャカルタ州知事バスキ・チャハヤ・プルナマ（アホック）
https://i.ytimg.com/vi/ozMLFz-jofA/maxresdefault.jpg
写真7-6　ムハマディヤのロゴ
https://upload.wikimedia.org/wikipedia/en/thumb/4/47/Muhammadiyah_Logo.svg/1021px-Muhammadiyah_Logo.svg.png
写真7-7　ナフダトゥル・ウラマ（NU）のロゴ
https://ulilalbabelfarkidy.files.wordpress.com/2015/08/logo-nu.png
写真7-9　ジャカルタのカトリック大聖堂
https://1.bp.blogspot.com/-HZSZwSq7my4/VmEAzEkexAI/AAAAAAAAHm8/2lQoLzISLDg/s1600/katedral-jakarta.jpg
写真7-13　ジャカルタの孔子廟（コンミャオ）
http://4.bp.blogspot.com/-ELamVF5BePQ/Vfa9Lp7s0OI/AAAAAAAAAfM/L25vxnJ43MY/s1600/IMG_0812.JPG
写真7-15　北スマトラ・デリのスルタン王宮
https://upload.wikimedia.org/wikipedia/commons/1/19/COLLECTIE_TROPENMUSEUM_Het_paleis_van_de_Sultan_van_Deli_te_Medan._TMnr_60001583.jpg
写真8-1　ジャワの最高峰スメル山
http://cdn1-a.production.liputan6.static6.com/medias/933707/big/051644500_1437558393-20150722-Gunung-berstatus-waspada-Indonesia-Gunung-Semeru.jpg
写真8-6　バンドンとソロを結ぶインドネシア国鉄の急行列車
http://tiketkeretaapi.com/wp-content/uploads/2013/05/kereta-api-lodaya.jpg
写真8-7　雄大なトバ湖の景観
http://blog.diskonaja.com/wp-content/uploads/2016/08/Karnaval-Kemerdekaan-Pesona-Toba.jpg
写真8-16　祭典用伝統衣装をまとったダヤック族の人々
https://lh3.googleusercontent.com/-alWtI9eKZas/Uk65tJAwOTI/AAAAAAAAAkI/gXTMH4UBt8s/w1024-h687/Binua%2BLandak%2526Binua%2BGarantukg.JPG
写真8-18　バトゥ・ヒジャウ銅鉱山（スンバワ島）
https://staticseekingalpha.a.ssl.fastly.net/uploads/2016/4/5074741_14597807798716_rId5.jpg
写真8-19　ヌサテンガラの伝統織物（イカット）の織機
https://tenunikat2.files.wordpress.com/2014/08/dsc04422.jpg
写真8-20　コモドオオトカゲ
https://2.bp.blogspot.com/-t64NOG4K2YE/Vln4ZVdZrnI/AAAAAAAAmvM/TzZuwKSJA8A/s1600/komodo-dragon-wallpapers-1.jpg

s1600/kotak+suara+edit+2.jpg

写真5-4　タフ（豆腐、左）とテンペ（右）

https://c2.staticflickr.com/8/7060/6776276904_9226769210_b.jpg

写真5-5　バンデン（学名*Chanos chanos*）

http://i1244.photobucket.com/albums/gg570/immanuel07/1.png

写真5-8　インドミー社製インスタント麵パッケージ

http://cdn2.bigcommerce.com/server4400/vvu9f/products/837/images/1447/89686010947__06862.1395150181.1280.1280.JPG?c=2

写真6-1　インドネシア連邦共和国（RIS）地図

https://upload.wikimedia.org/wikipedia/commons/c/c9/Republik_Indonesia_Serikat.png

写真6-2　ジャカルタに建てられた西イリアン解放記念碑

https://upload.wikimedia.org/wikipedia/commons/f/fd/Irian_Barat_Statue.JPG

写真6-3　グラスベルグ銅鉱山（パプア）

http://www.mining.com/wp-content/uploads/2013/06/grasberg-mine-indonesia-large.jpg

写真6-4　第1回アジア・アフリカ会議（バンドン、1955年）の指導者たち

https://dinmerican.files.wordpress.com/2015/04/leaders-at-bandung-1955.png

写真6-5　アジア・アフリカ首脳会議（バンドン、2015年）

http://setkab.go.id/wp-content/uploads/2015/04/Closing1.jpg

写真6-7　デウィ夫人とスカルノ

https://laisonbyaurelias.com/wp-content/uploads/2015/08/image1.jpg

写真6-8　ジャカルタに進出した日本のうどん店

http://2.bp.blogspot.com/-qNGt1n5WdFE/UrGpCRchW4I/AAAAAAAAIUM/seTEff07UXU/s1600/2013-11-30+21.39.39.jpg

写真6-9　陰暦2566年（西暦2015年）の春節年賀状

http://3.bp.blogspot.com/-ZNWBNFcq5SU/VrFOKSH82dI/AAAAAAAAAWQ/nmPflR1VZ3Q/s1600/7.jpg

写真6-10　スマランの三宝公寺院

http://www.vacationbaliindonesia.com/wp-content/uploads/2014/07/Sam-Po-Kong.jpg

写真6-11　マレーシア粉砕（Ganyang Malaysia）を呼びかけるポスター

http://image.slidesharecdn.com/bomwaktudalamhubunganindonesia-malaysia-120714093109-phpapp02/95/bom-waktu-dalam-hubungan-indonesia-malaysia-4-728.jpg?cb=1342258354

写真6-12　ジャカルタにあるASEAN事務局ビル

http://karirlsm.com/wp-content/uploads/2015/09/Lowongan-kerja-ASEAN-2015.jpg

写真6-13　煙霧に包まれた西カリマンタン州都ポンティアナック（Antara通信）

http://www.kemendagri.go.id/media/article/images/2016/08/10/s/e/sejumlah-pengendara-melintasi-jalan-yang-diselimuti-kabut-asap-di-_150916153917-986_1.jpg

写真7-1　A. H. ナスティオン

https://upload.wikimedia.org/wikipedia/commons/a/ac/Abdul_Harris_Nasution.jpg

インターネット出典写真一覧

写真1-2　第2回青年会議に集まった人々
https://www.selasar.com/politik/siapa-sajakah-5-tokoh-sumpah-pemuda
写真2-1　タンボラ山の火口原
http://cheapestravel.com/wp-content/uploads/2016/06/5461952_20130617082512.jpg
写真2-2　噴煙をあげるクラカタウ島
http://pariwisatalampung.com/images/dest_map/Kepulauan_gunung_krakatau/antarafoto-anak-gunung-krakatau.jpg
写真2-4　地震と津波で被災したバンダアチェ市中心部
https://s-media-cache-ak0.pinimg.com/originals/5a/4a/87/5a4a87ce0e0023be125de1fe1583d193.jpg
写真3-4　シンガサリ王国のヒンドゥー教遺跡
https://upload.wikimedia.org/wikipedia/commons/d/d2/Candi_singosari.jpg
写真3-7　デマックに現存するジャワ最古と言われるモスク
http://munamadrah.com/wp-content/uploads/2015/04/20150423_1029151.jpg
写真3-8　ワリ・ソンゴ（九聖人）の肖像
https://jalanakhirat.files.wordpress.com/2010/05/gambar-wali-songo-3.jpg?w=640&h=816
写真3-9　オランダ東インド会社時代のバタビア（絵図）
https://upload.wikimedia.org/wikipedia/commons/8/81/Ville_de_Batavia_c1780.jpg
写真3-10　ディポヌゴロの肖像
https://upload.wikimedia.org/wikipedia/commons/2/2c/Diponegoro.jpg
写真3-13　カルティニの肖像
http://besttangsel.com/wp-content/uploads/2016/04/1.-Lukisan-R.A.Kartini.jpg
写真3-14　独立宣言後の国旗掲揚（左端にスカルノとハッタ）
https://upload.wikimedia.org/wikipedia/commons/9/90/Indonesian_flag_raised_17_August_1945.jpg
写真4-1　クーデタを鎮圧したスハルトと幕僚たち
http://img.timeinc.net/time/photoessays/2008/suharto/suharto_01.jpg
写真4-2　ゴルカルのシンボルマーク
http://3.bp.blogspot.com/-T5qDvvN2QUU/UxGQc436_NI/AAAAAAAAADo/qXu-Jrzm4UM/s1600/5.+golkar.jpg
写真4-4　大統領辞任演説を行なうスハルト
https://upload.wikimedia.org/wikipedia/commons/1/14/Suharto_resigns.jpg
写真4-7　総選挙（議会）用投票箱
http://2.bp.blogspot.com/-qhF55yVyj7c/UkgEGGiS8nI/AAAAAAAAACI/sN6CRK4-GWI/

内田道雄．2016.『燃える森に生きる――インドネシア・スマトラ島――紙と油に消える熱帯林』新泉社.
鏡味治也編著．2012.『民族大国インドネシア――文化継承とアイデンティティ』木犀社.
笹岡正俊．2012.『資源保全の環境人類学――インドネシア山村の野生動物利用・管理の民族誌』コモンズ.
高野さやか．2015.『ポスト・スハルト期インドネシアの法と社会――裁くことと裁かないことの民族誌』三元社.
中島成久．2011.『インドネシアの土地紛争――言挙げする農民たち』創成社.
増田和也．2012.『インドネシア森の暮らしと開発――土地をめぐる〈つながり〉と〈せめぎあい〉の社会史』明石書店.
村井吉敬．2013.『パプア――森と海と人びと』めこん.
森山幹弘，塩原朝子編著．2009.『多言語社会インドネシア――変わりゆく国語、地方語、外国語の諸相』めこん.
山口裕子．2011.『歴史語りの人類学――複数の過去を生きるインドネシア東部の小地域社会』世界思想社.
嘉原優子．2010.『バリ島の村落祭祀と神観念』おうふう.
吉田ゆか子．2016.『バリ島仮面舞踊劇の人類学――人とモノの織りなす芸能』風響社.

華人社会

相沢伸広．2010.『華人と国家――インドネシアの「チナ問題」』書籍工房早山.
北村由美．2014.『インドネシア　創られゆく華人文化――民主化以降の表象をめぐって』明石書店.
貞好康志．2016.『華人のインドネシア現代史――はるかな国民統合への道』木犀社.
津田浩司．2011.『「華人性」の民族誌――体制転換期インドネシアの地方都市のフィールドから』世界思想社.

地震と津波

高橋誠・田中重好・木股文昭編著．2014.『スマトラ地震による津波災害と復興』古今書院.
田中重好・高橋誠・イルファン・ジックリ．2012.『大津波を生き抜く――スマトラ地震津波の体験に学ぶ』明石書店.
西芳実．2014.『災害復興で内戦を乗り越える――スマトラ島沖地震・津波とアチェ紛争』京都大学学術出版会.

その他

古賀俊行．2014.『インドネシア鉄道の旅 = Ayo kita berkelana keliling Indonesia naik Kereta Api! ――魅惑のトレイン・ワールド』潮書房光人社.
重田哲朗．2016.『インドネシア山旅の記』山と溪谷社

政治・国際関係

岡本正明．2015.『暴力と適応の政治学――インドネシア民主化と地方政治の安定』京都大学学術出版会．

川村晃一編．2015.『新興民主主義大国インドネシア――ユドヨノ政権の10年とジョコウィ大統領の誕生』日本貿易振興機構アジア経済研究所．

桐島正也［述］（倉沢愛子著）．2011.『インドネシアと日本――桐島正也回想録』論創社．

本名純．2013.『民主化のパラドックス――インドネシアにみるアジア政治の深層』岩波書店．

増原綾子．2010.『スハルト体制のインドネシア――個人支配の変容と一九九八年政変』東京大学出版会．

森下明子．2015.『天然資源をめぐる政治と暴力――現代インドネシアの地方政治』京都大学学術出版会．

経済・産業

アン・ダナム（加納啓良監訳・前山つよし訳）．2015.『インドネシアの農村工業――ある鍛冶村落の記録』慶應義塾大学出版会．

折下定夫．2014.『ジャカルタ漁港物語――ともに歩んだ40年』佐伯印刷出版事業部．

川井秀一，水野広祐，藤田素子編．2012.『熱帯バイオマス社会の再生――インドネシアの泥炭湿地から』京都大学学術出版会．

倉沢愛子編著．2013.『消費するインドネシア』慶應義塾大学出版会．

佐藤百合．2011.『経済大国インドネシア――21世紀の成長条件』中央公論新社．

田中直．2012.『適正技術と代替社会――インドネシアでの実践から』岩波書店．

頼俊輔．2012.『インドネシアのアグリビジネス改革――輸出指向農業開発と農民』日本経済評論社．

宗教・教育

小林寧子．2008.『インドネシア――展開するイスラーム』名古屋大学出版会．

西野節男・服部美奈編．2007.『変貌するインドネシア・イスラーム教育』東洋大学アジア文化研究所・アジア地域研究センター．

服部美奈．2015.『ムスリマを育てる――インドネシアの女子教育』山川出版社．

野中葉．2015.『インドネシアのムスリムファッション――なぜイスラームの女性たちのヴェールはカラフルになったのか』福村出版．

本台進・新谷正彦．2008.『教育と所得格差――インドネシアにおける貧困削減に向けて』日本評論社．

見市建．2014.『新興大国インドネシアの宗教市場と政治』NTT出版．

民族・地方社会

新井健一郎．2012.『首都をつくる――ジャカルタ創造の50年』東海大学出版会．

井上治．2013.『インドネシア領パプアの苦闘――分離独立運動の背景』めこん．

文献案内

インドネシアについて書かれた本は、日本語のものだけでもとても紹介しきれないほどたくさんある。ここでは次の基準で選んだ54点だけを紹介する。

1) 2007年から2016年までの10年間に出版（市販）された日本語の単行本に限る。ただし復刻や再刊は含めない。
2) 人文・社会科学に関連する分野の本で、読むのに特殊で高度な専門知識を必要としないものに限る。語学、文学、芸術、芸能、料理などの分野は含まない。
3) 実用書や調査レポートの類は含まない。

なお、各分野の中の配列は編・著者名の五十音順による。

全般

小川忠．2016．『インドネシア　イスラーム大国の変貌——躍進がもたらす新たな危機』新潮社．

加納啓良監修．2010．『インドネシア検定——インドネシア検定公式テキスト（ASEAN検定シリーズ）』めこん．

村井吉敬・佐伯奈津子・間瀬朋子編著．2013．『現代インドネシアを知るための60章』明石書店．

矢野英基．2012．『可能性の大国インドネシア』草思社．

歴史

イ・ワヤン・バドリカ（石井和子監訳）．2008．『インドネシアの歴史——インドネシア高校歴史教科書』明石書店．

太田淳．2014．『近世東南アジア世界の変容——グローバル経済とジャワ島地域社会』名古屋大学出版会．

大橋厚子．2010．『世界システムと地域社会——西ジャワが得たもの失ったもの 1700-1830』京都大学学術出版会．

倉沢愛子．2014．『9·30世界を震撼させた日——インドネシア政変の真相と波紋』岩波書店．

菅原由美．2013．『オランダ植民地体制下ジャワにおける宗教運動——写本に見る19世紀インドネシアのイスラーム潮流』大阪大学出版会．

千野境子．2013．『インドネシア9·30クーデターの謎を解く——スカルノ、スハルト、CIA、毛沢東の影』草思社．

冨尾武弘．2015．『インドネシアの歴史——東西交流史の中心的ステージとして』朋友書店．

林英一．2011．『皇軍兵士とインドネシア独立戦争——ある残留日本人の生涯』吉川弘文館．

プラムディヤ・アナンタ・トゥール（山田道隆訳）．2013．『日本軍に棄てられた少女たち——インドネシアの「慰安婦」悲話』（増補改訂版）コモンズ．

メガワティ……→メガワティ・スカルノプトリ
メガワティ・スカルノプトリ……066, 068, 070, 071, 072, 074, 125, 127, 135, 201
メダン……034, 051, 155, 167, 169
メッカ巡礼最終日……152
メトロ……167
メナド……187
メンパワー……155, 175
モスク……046, 101, 106, 146
モハンマド・ハッタ……054, 055, 058, 110, 114, 136, 137, 198
モルッカ……034
モロタイ島……188, 189
モンゴンドウ族……183

や

唯一神……058, 143, 147
輸出依存度……098, 099, 100
ユスフ・カラ……017, 073, 074, 075, 203
ユドヨノ……→スシロ・バンバン・ユドヨノ
輸入代替産業……065

ら

ラオス……034, 114, 128, 129
落花生……085
ラッフルズ, T. S.……049
ラデン・ウィジャヤ……042
ラデン・パター……045
蘭印民政府(NICA)……059
ランテマリオ山……183
ランプン州……008, 015, 017, 166, 167, 169, 170, 171
ランプン族……169
蘭領ニューギニア……034
リアウ州……008, 017, 086, 165, 166, 167, 169
リアウ諸島州……008, 166, 167, 168
リアムカナン川……117, 175
リーマンショック……073, 079
リギタン島……130
リンガルジャティ……110
リンジャニ山……178, 179
ルアン山……183
ルジャン族……168
ルブックリンガウ……167
レフォルマシ……066, 068
レンバタ島……178, 181, 182
ロイヤル・ダッチ・シェル社……113
労働組合……062
ローガン, J. R.……019
ロカン川……165, 167
ロコン山……183
ロッスマウェ……045, 160
ロンボク島……015, 029, 043, 106, 178, 179, 181

わ

ワイサック……152
ワインガプ……178
ワジャック……038, 160
ワヒド……→アブドゥルラフマン・ワヒド
ワリ・ソンゴ……046, 047

ん

ンガジュ族……017

マウラナ・ハサヌディン……047
マカッサル市……034, 184, 187, 188, 193
マカッサル族……015, 016, 184
マグラン……040
マジャパヒト王国……019, 042, 043, 044, 045, 046, 149, 150, 151
マシュミ……059, 060
マタラム……041, 178, 181
マタラム王国……046, 047, 048, 049, 154, 163
マディウン……160
マディウン事件……059, 110
マドゥラ族……015, 016, 017, 024, 140, 162
マドゥラ島……015, 110, 160, 162
マドラサ……145
マナド……183, 184, 185, 187, 188
マノクワリ……189, 193
マハカム川……039, 172, 173, 175
マムジュ……184
マラッカ……045, 048, 050, 148, 167
マラッカ王国……045
マラッカ海峡……019, 021, 029, 039, 040, 045, 048, 050, 131, 164, 165, 168, 169
マラヤ連邦……128
マラリ事件……063
マラン……149, 158, 160, 163
マルガ……134
マルク……012, 023, 042, 073, 134, 144, 147, 148, 153, 155, 187, 188
　マルク州……008, 013, 023, 024, 034, 147, 188, 189, 190
　北マルク州……008, 013, 023, 024, 034, 107, 155, 188, 189, 190
マルク諸島……048, 148, 188, 190
マルク・パプア……008, 012, 015, 026, 188, 189
マレー語……021, 052
マレーシア……007, 019, 021, 022, 023, 034, 036, 045, 050, 060, 080, 081, 088, 090, 091, 095, 096, 097, 099, 100, 128, 129, 130, 131, 143, 153, 167, 168, 172, 175, 187
マレーシア対決政策……061, 128
マレーシア粉砕……128, 129
マレー人……129, 168
マンクヌガラ王宮……155
マンダイリン……017, 137, 138
マンダイリン・ナタル……137
マンダイリン・バタック族……137, 200
マンダル族……183
マンデリン・コーヒー……137, 138
マンベラモ川……193
ミナハサ……148
ミナハサ族……014, 015, 016, 134, 183, 185
ミナンカバウ族……015, 016, 017, 134, 136, 165, 166, 168, 169, 198
ミャンマー……032, 091, 114, 128, 129
民主化……066, 068, 070, 071, 156
民主党(Demokrat) ……072, 073, 074, 075
民族覚醒党(PKB) ……066, 068, 075
ミンダナオ島……183
ムシ川……101, 117, 165, 166, 167, 170
ムスジッド……045, 146
ムナ族……184, 187
ムナド……187
ムナ島……187
ムハマディヤ……066, 144, 145
ムハンマド降誕祭……152
ムハンマド昇天祭……152
ムラウケ……007, 008, 009
ムラカ……045, 050
ムラピ山……028, 030, 041, 160
ムラユ語……021, 022, 023, 040, 045
ムラユ族……015, 016, 017, 021, 044, 166, 168, 172, 174
ムラワルマン碑文……039
ムンタワイ諸島……029, 031, 167

ブキット・ラヤ山……172, 175
ブキティンギ……167, 198
福祉公正党(PKS)……072, 074, 075
福田赳夫……120
福田ドクトリン……→東南アジア外交3原則
プサントレン……→イスラーム寄宿塾
ブタウィ族……015, 016, 017, 140, 162
仏教……039, 040, 041, 044, 143, 144, 147, 150, 151, 152
福建……140
ブディ・ウトモ……053
ブディオノ……073, 074
ブトン族……187
ブトン島……187
プナン族……017
プマタンシアンタル……167, 200
プマラン……104, 160
ブ・メガ……→メガワティ・スカルノプトリ
ブラウィジャヤ……045
プラナカン……140
プラパンチャ……043
プラブハン・ラトゥ……160
プラボウォ・スビアント……073
フランシスコ・ザビエル……148
ブランタス川……041, 042, 117, 160
プランテーション……050, 051, 052, 078, 085, 086, 088, 091, 096, 142, 166, 168, 169, 170
プランバナン……040, 041, 160
プリアンガン……048, 162
ブリタル……160, 198
ブリトゥン島……167
フリーポート・マクモラン社……112, 193
プリブミ……063, 065, 120, 124
プリヤイ……075, 134
ブル島……188
プルタミナ……063
ブルネイ……007, 022, 128, 129, 153, 175
ブルンガン……175
フローレス海……026, 029
フローレス島……029, 038, 108, 148, 178, 179, 180, 181
プロテスタント……138, 143, 147, 148, 149, 179, 190
プロボリンゴ……160
ブン・カルノ……→スカルノ
ブン・ハッタ……→ハッタ
ブンガワン・ソロ……→ソロ川
ブンクル……031, 050, 167
ブンクル州……008, 166, 167, 168
米作……085
ヘーゲル, フランツ……039
ヘーゲル型銅鼓……039
ペジェン型銅鼓……039
ベトナム……034, 038, 080, 081, 088, 090, 091, 097, 099, 114, 126, 127, 128, 129
ベトナム戦争……129
ペナン……019
ベンクーレン……049
貿易依存度……098, 099, 100
ホーチミン……126
ボゴール……039, 044, 073, 160, 163
ホテル・インドネシア……118
ボネ王国……047, 051
ポルトガル……045, 047, 048, 055, 128, 148, 180, 190
ボルネオ……006, 007, 172
ボロブドゥール……041, 160
ボンタン……175, 176
ポンティアナック……106, 131, 155, 172, 173, 175

ま

マアニャン族……017

パプア族……014
ハムンクブウォノ9世……154, 199
パヤクンブー……167
ハヤム・ウルク……042
パラゴムノキ……051
パランカラヤ……172, 175
バリ……008, 012, 015, 026, 029, 034, 036, 039, 042, 043, 051, 105, 144, 147, 149, 150, 153, 155, 177, 178, 179, 181, 182
バリ族……015, 016, 043, 134, 136, 149, 150, 179
バリ・ヌサテンガラ……008, 015
バリ・ビーチ・ホテル……118
バリクパパン……107, 175
バリト川……172, 175
パル……183, 184, 187
ハルマヘラ島……029, 148, 188, 190, 191
パレパレ……184, 188, 200
パレンバン……034, 040, 101, 117, 165, 167, 169, 170, 171
パレンバン王国……047
パロポ……184
バンカ島……167
バンカ・ブリトゥン州……008, 017, 152, 166, 167, 168
反華人感情……120
パンカルピナン……167
バンサ……013
パンジャブ系……142
バンジャル・バル……175
バンジャル族……015, 016, 172, 174
バンジャルマシン……172, 175
バンジャルマシン王国……047, 051
バンダアチェ……031, 045, 101, 167, 170
バンダ海……026
バンダルランプン……167, 169, 170
パンチャシラ(建国5原則)……058, 063, 064, 152
パンデグラン……039, 160
バンテン王国……044, 046, 047, 048, 162
バンテン州……008, 015, 016, 023, 160, 161, 162
バンテン族……015, 017, 162
バンデン……087, 088
バントゥル……160, 199
バンドン……034, 048, 114, 115, 116, 141, 142, 160, 162, 163, 164, 198
バンドン会議……114, 115, 123
反日暴動……120
ビアク島……193
ビーマ……178, 181
ビーマ族……179
東インド共産主義同盟……053
東ティモール……034, 055, 056, 115, 128, 129, 180
ピテカントロプス・エレクトゥス……038
非同盟諸国……114, 115
非同盟政策……114
ビトゥン……184
ビナイア山……188
ビネカ・トゥンガル・イカ……014
白檀……179, 180
貧困人口……080, 081
ビンジャイ……167
ヒンドゥー教……039, 040, 042, 043, 044, 143, 144, 147, 149, 150, 151, 152, 179
ビンタン島……167
フォーヘルコップ……→クパラブルン
ブカシ……039, 160, 162
プカロンガン……104, 160
プカンバル……165, 167, 169, 170
ブギス族……015, 016, 017, 135, 174, 176, 183, 184, 186, 194, 200, 203
ブキットバリサン山脈……164, 165, 168

059, 061, 063, 069, 071, 078, 080, 081, 088, 089, 090, 091, 092, 093, 094, 095, 096, 097, 098, 099, 115, 116, 117, 118, 120, 122, 127, 134, 143, 148, 152, 153, 158, 159, 164, 170, 179, 192
日本・インドネシア経済連携協定……122
日本国とインドネシア共和国との間の賠償協定……117
日本国とインドネシア共和国との間の平和条約……117
日本国とインドネシア共和国との間の友好通商条約……118
ニューギニア……006, 007, 034, 192
ニュピ……152
ヌサテンガラ……012, 015, 023, 024, 026, 032, 034, 042, 048, 153, 155, 177, 178, 180, 181, 182, 187
　西ヌサテンガラ州……008, 023, 024, 034, 178, 179, 181
　東ヌサテンガラ州……008, 023, 024, 031, 034, 147, 148, 149, 178, 179, 181
ヌサンタラ……042
熱帯雨林気候……032
熱帯モンスーン気候……032
農林漁業……082, 083, 084

は

ハーグ円卓協定……054, 055, 112, 153
パーム油……085, 088, 096, 097
賠償プロジェクト……117, 118
排他的経済水域……125
バウバウ……184
バカウフニ港……167, 171
バガルユン……167
パガルユン王国……044
パクアラム王宮……155
パクアン……044
ハシム・アシャリ……135, 145
ハシム・ムザディ……072
バジャイ……098
パジャジャラン王国……043, 047
パジャン王国……046
バスキ・チャハヤ・プルナマ……017, 141, 142
バタック族……014, 015, 016, 017, 134, 137, 138, 139, 149, 151, 165, 166, 168
バタビア……019, 020, 048, 049, 052, 054, 059, 148, 162
バタム島……167
パダン……030, 031, 167, 170
バタンハリ川……165, 167
パチタン……073, 160, 202
バチャン島……155, 188
客家……017, 140, 175
伐採……166, 172
ハッタ……→モハンマド・ハッタ
ハッタ・ラジャサ……074
パッ・ハルト……→スハルト
バッ・メガ……→メガワティ・スカルノプトリ
ハディース……143, 144
バトゥ・ヒジャウ鉱山……179
パドゥリ戦争……050
ハドラマウト……143
パナマ運河……052
ハヌラ党……073, 075
バハルッディン・ユスフ・ハビビ……066, 070, 071, 124, 135, 136, 141, 200
ハビビ……→バハルッディン・ユスフ・ハビビ
パプア……006, 007, 012, 020, 031, 149, 187, 192, 193, 195
　パプア州……008, 023, 024, 031, 034, 108, 113, 118, 147, 188, 189, 193, 194, 195
　西パプア州……008, 193, 194, 195
パプア諸語……194

中部ジャワ地震……030, 031
チョウジ……048
潮州……140
直立猿人……038
チルボン……160, 162
チルボン王国……046, 047, 048, 155
チルボン族……015, 016, 017
チレゴン……160
ツナミ……030
ティドーレ島……107, 188, 189, 190
ディポヌゴロ……050
ティモール島……048, 148, 178, 180, 181
鄭和……125
デウィ夫人……118
テガル……160
デポック……102, 160, 163
デマック……160
デマック王国……043, 045, 046, 047, 048
デュボア, ウジェーヌ……038
デリ……155
テルナテ王国……047, 155
テルナテ市……188, 189, 190
テルナテ島……013, 029, 107, 188, 190, 191, 192
テンゲル族……150
天然ガス……078, 085, 088, 096, 097, 118, 119, 120, 124, 175
テンバガプラ……193
デンパサール……118, 178, 181
テンペ……085, 087
銅鼓……039
闘争民主党(PDIP)……066, 067, 072, 073, 074, 075
東南アジア外交3原則(福田ドクトリン)……120
東南アジア諸国連合(ASEAN)……061, 094, 120, 127, 128, 129, 130, 131
東南アジア中立地帯宣言……129
東部インドネシア……034, 187
ドゥマイ……167
トウモロコシ……085
独立準備委員会……054, 058
独立準備調査会……054, 058
独立戦争……019, 054, 058, 059, 110, 112, 114, 123, 127, 128, 153, 154
トトック……140
トバ……149
トバ・バタック族……017, 138
トバ湖……137, 164, 165, 167
トラキ族……187
トラジャ族……151, 183, 184, 186
トリニール……038, 160
トレンガナ……046
トンコナン……186
ドンソン文化……039

な

ナガラクルターガマ……043
ナサコム……060
ナスティオン, A. H.……136, 137
ナスデム党……074, 075
ナトゥナ諸島……125, 126, 167
ナフダトゥール・ウラマ(NU)……059
ニアス島……029, 031, 167
ニクズク……048, 190
西イリアン……055, 112, 118, 192
西イリアンジャヤ州……193
西スマトラ・パダン沖地震……030
西ニューギニア……055, 112
二重国籍……123, 140
日系企業……118, 120
日本……006, 007, 009, 010, 011, 012, 026, 027, 028, 030, 032, 034, 036, 038, 054, 058,

スンバワ島……026, 027, 029, 178, 179, 181
制憲議会……059, 060
製造業……075, 085, 088, 090, 091
青年の誓い……020, 021, 054
世界貿易機関(WTO)……131
石炭……084, 085, 088, 089, 096, 097, 170, 174
石油……052, 063, 065, 078, 082, 085, 088, 096, 097, 098, 113, 118, 119, 120, 124, 131, 170, 175, 193
石油輸出国機構(OPEC)……131
セノパティ……046
セラム島……188
セラン……160
セレベス……→スラウェシ
1950年暫定憲法……→インドネシア共和国暫定憲法
銭其琛……124
総選挙委員会(KPU)……069
ソフィフィ……188, 189
ソプタン山……183
ソロ……→スラカルタ
ソロ川……038, 158, 159, 160
ソロン……034, 189, 193, 195

た

タイ……032, 034, 078, 080, 081, 088, 090, 091, 095, 096, 097, 098, 099, 128, 129
第1回アジア・アフリカ会議……114, 115
第1次インドシナ戦争……114, 126
第2次インドシナ戦争……129
第1次開発5ヵ年計画……082
大インドネシア……128
大乗仏教……040
大豆……085
大スンダ諸島……177
大統領任命国会議員……068
第2回青年会議……020
第2次世界大戦……054
ダイリ……138
台湾……034, 087, 093, 094, 095, 096, 123, 124
タクリード……144
ダサ・ナワル……155
タシクマラヤ……031, 160
田中角栄……063, 120
タニンバル諸島……188
タバコ……051, 169
タフ……085, 087
タミール系……142
ダヤック族……016, 017, 151, 172, 174, 176
多様性の中の統一……014
タラカン……175
ダルウル・イスラーム……146
タルマ国……039
タンゲラン……160, 162
断食明け……152, 164
タンジュンピナン……167
タンジュンプリウク港……110
タンボラ山……027, 178, 179
地方行政基本法……063
地方行政法……071, 153
地方首長選挙……071, 072
地方代表議会……069, 070
茶……085, 086, 088
駐インドネシア台北経済貿易代表処……124
中央インドネシア国民委員会(KNIP)……058, 114
中国……009, 034, 038, 039, 045, 052, 079, 080, 081, 088, 090, 091, 094, 095, 096, 097, 098, 099, 120, 123, 124, 125, 126, 127, 129, 139, 140, 151, 152, 164
駐ジャカルタ中華商会……124
駐台北インドネシア経済貿易代表処……124

シンガポール……006, 007, 009, 019, 022, 034, 036, 049, 093, 094, 095, 096, 097, 098, 100, 110, 128, 129, 131, 167
シンカワン……175
新植民地主義……123
新秩序……062
シンド語……142
新マタラム……046
スエズ運河……050, 143
スカルノ……054, 055, 058, 060, 061, 062, 066, 075, 078, 110, 112, 114, 115, 118, 123, 126, 127, 128, 134, 135, 136, 198, 204
スク・バンサ……→種族
スシロ・バンバン・ユドヨノ……070, 071, 072, 073, 074, 075, 115, 125, 134, 136, 202
スズ……052, 088
ススフナン……154, 155, 163
ススフナン侯領……049, 154
スタン・シャフリル……054, 058
スナリオ……123
スナン・グヌンジャティ……047
スハルト……055, 056, 060, 061, 062, 063, 064, 065, 066, 068, 069, 071, 073, 075, 078, 079, 082, 112, 115, 118, 120, 123, 124, 127, 128, 134, 135, 137, 139, 140, 141, 142, 152, 155, 156, 187, 192, 193, 199
スペイン……048, 097, 190
スマトラ……006, 007, 008, 010, 012, 015, 017, 022, 026, 027, 031, 034, 040, 042, 044, 045, 047, 049, 050, 051, 052, 056, 058, 060, 086, 110, 131, 134, 135, 136, 137, 138, 142, 143, 144, 148, 149, 153, 154, 164, 165, 166, 167, 168, 169, 170, 171, 172, 174, 177, 193
　北スマトラ州……008, 017, 023, 028, 031, 051, 086, 147, 151, 155, 164, 166, 167, 169, 170, 200
　西スマトラ州……008, 017, 031, 058, 067, 134, 164, 166, 167, 168, 169, 170, 198
　南スマトラ州……008, 017, 101, 117, 165, 166, 167, 168, 169, 170
スマトラ沖地震……030, 031, 056
スマトラ縦貫道路……171
スマラン……034, 125, 160, 163, 164
スメル山……158, 160
スラウェシ……006, 007, 008, 012, 015, 017, 026, 032, 034, 042, 050, 060, 084, 135, 136, 144, 151, 153, 155, 172, 177, 183, 184, 188
　北スラウェシ州……008, 015, 105, 134, 147, 148, 149, 183, 184, 187
　東南スラウェシ州……008, 183, 184, 187
　中スラウェシ州……008, 023, 024, 073, 183, 184, 187
　西スラウェシ州……008, 183, 184
　南スラウェシ州……008, 015, 017, 034, 047, 051, 183, 184, 187, 200, 203
スラカルタ……046, 047, 049, 074, 075, 154, 155, 160, 163, 164, 202
スラバヤ……034, 074, 142, 145, 160, 162, 163, 164
スラワイ族……168
スリ・スルタン……→ハムンクブウォノ９世
スルタン……045, 047, 048, 049, 050, 129, 153, 154, 155, 163, 199
スルタン・アグン……046, 048
スルタン侯領……049, 050, 154
スルヤ・パロー……074
スンダ族……015, 016, 017, 043, 134, 139, 150, 162, 169
スンダ海峡……027, 029, 169, 170
スンダ・クラパ……047, 048
スンバ島……178, 179, 180
スンバワ族……179

187, 193, 194
ジャカルタ首都特別州……008, 017, 074, 102, 142, 160, 161
ジャカルタ暴動……063, 141
シャフリル……→スタン・シャフリル
ジャヤカトアン……042
ジャヤカルタ……047, 048
ジャヤ山……193
ジャヤバヤ……041
ジャヤプラ……034, 189, 193, 195
シャリーア(イスラーム法)……143
ジャワ……006, 007, 008, 010, 012, 015, 023, 026, 027, 028, 034, 036, 040, 042, 045, 046, 047, 048, 049, 050, 052, 054, 060, 104, 110, 134, 135, 136, 137, 142, 144, 148, 149, 153, 158, 159, 160, 161, 162, 163, 164, 165, 166, 169, 171, 172, 174, 177, 193
中部ジャワ……013, 015, 024, 030, 031, 032, 036, 038, 040, 041, 045, 046, 047, 053, 059, 061, 110, 144, 145, 146
西部ジャワ……015, 017, 031, 039, 043, 047, 048, 110, 146, 150, 159, 169
東部ジャワ……015, 019, 024, 032, 038, 041, 046, 047, 110, 145, 150, 159
中ジャワ州……008, 015, 017, 023, 073, 075, 104, 125, 154, 160, 161, 162, 163, 164, 202
西ジャワ州……008, 017, 023, 031, 102, 118, 137, 141, 155, 160, 161, 162, 163
東ジャワ州……008, 017, 023, 028, 058, 117, 135, 149, 158, 159, 160, 161, 162, 163, 198, 201, 202
ジャワ原人……038
ジャワ語……018, 021, 022, 043, 046, 145
ジャワ戦争……050
ジャワ族……015, 016, 017, 018, 022, 024, 075, 134, 135, 136, 137, 138, 139, 162, 166, 168, 169, 174, 175, 194, 198, 199, 201, 202
ジャワ年代記……045
ジャンガラ王国……041
ジャンビ……017, 165, 167
ジャンビ州……008, 164, 165, 166, 167, 168
自由アチェ運動……056
周恩来……123
住民票カード(KTP)……140
儒教……143, 147, 151, 152
種族(スク・バンサ)……013, 014, 015, 016, 017, 018, 020, 021, 022, 023, 024, 052, 073, 134, 136, 139, 140, 149, 162, 166, 168, 174, 183, 190, 194, 198, 199, 200, 201, 202, 203
主要20ヵ国・地域……073
シュリーヴィジャヤ……039, 040, 045
春節……124, 125, 152
商業……021, 040, 047, 048, 053, 083, 084, 124, 142, 143, 198
小スンダ諸島……026, 153, 177
商品作物栽培……049
ジョクジャカルタ……036, 041, 046, 049, 050, 059, 073, 103, 110, 118, 140, 142, 144, 153, 154, 155, 160, 161, 163, 164, 199, 201
ジョクジャカルタ特別州……008, 015, 023, 028, 031, 103, 154, 159, 160, 161, 162, 163, 199, 201
職能グループ……→ゴルカル
植民地……010, 021, 034, 038, 048, 050, 051, 052, 053, 054, 055, 059, 078, 091, 114, 123, 139, 140, 142, 144, 151, 153, 154, 164, 170
ジョコ・ウィドド……017, 071, 072, 074, 075, 116, 136, 142, 202
ジョコウィ……→ジョコ・ウィドド
ジョホール……045
ジョホール・バル……167
ジョンバン……160, 201
ジルバブ……146
シンガサリ王国……041, 042

香辛料……048, 049
公正党(PK)……072, 075
公務員組織……064
コーヒー……049, 050, 085, 088, 137, 138, 170
コーラン……143, 144
国営企業……065, 170
国営サリナ・デパート……118
国語……013, 014, 017, 021, 022, 024
国際出稼ぎ……099, 100
国策大綱(GBHN)……058
国籍証明書(SBKRI)……139, 140, 141
国内投資……092, 093
国民協議会(MPR)……058, 059, 063, 064, 066, 068, 069, 070
国民信託党(PAN)……066, 068, 074, 075
国民党……→インドネシア国民党
国民の休日……152
互助共済会(MKGR)……062
コタグデ……046
国会(DPR)……058, 059, 062, 063, 064, 066, 068, 069, 070, 071, 073, 075, 114
国会選挙……059, 064, 072, 073, 074
古マタラム王朝……040, 046
ゴム……051, 052, 085, 088, 096, 097, 169, 170
小麦……091
コモド島……178, 181
ゴルカル(Golkar)……062, 063, 064, 074
ゴルカル党……066, 072, 073, 074, 075
ゴロンタロ……184, 188
ゴロンタロ州……008, 015, 183, 184
ゴロンタロ族……015, 016, 135, 183
コロンボ会議……114
ゴワ王国……047
コングロメラット……065, 142
コンフーチュー……→儒教

さ

在日インドネシア人……122
サゴヤシ……189, 194
ササック族……015, 016, 179
サトウキビ……050, 052
サバ……128, 129, 130, 172, 175
サバナ気候……032, 178, 181
サバン島……007, 009, 167
サブ島……181
サマリンダ……172, 175
サムドラ・パサイ王国……045
サムドラ・ビーチ・ホテル……118
サラワク……128, 175
サンギラン……038, 160
サンギル族……183
サンジャヤ王家……040, 041
暫定国民協議会(MPRS)……060, 061, 137
サンバス……155, 175
三宝公……125
シアック川……165, 166, 167, 170
シアック王国……051
シーク教徒……142
自主・積極……114, 116
室利仏逝……040
シドアルジョ……041, 160
指導される民主主義……060
シナブン山……028
シパダン島……130
シマトゥパン, T. B.……136, 138, 149
シャイレーンドラ王家……040, 041
社会党(PSI)……059
ジャカルタ……014, 015, 017, 019, 023, 034, 036, 047, 059, 063, 066, 067, 091, 098, 099, 110, 112, 116, 117, 118, 120, 122, 123, 126, 127, 129, 130, 141, 142, 144, 145, 148, 150, 151, 152, 160, 161, 162, 163, 164, 169,

東カリマンタン州……008, 017, 089, 107, 130, 172, 173, 175
南カリマンタン州……008, 117, 172, 175
ガルーダ・パンチャシラ……014
カルステンス山……193
カルタスラ……047
カルティニ……052, 053
カルテックス社……113
カロ……017, 149
カロ・バタック族……017, 149
乾季……032, 158, 177, 178
韓国…… 090, 093, 094, 095, 096, 097, 099, 126, 127
環太平洋造山帯……026, 172
広東……140
カンパル川……165, 167
カンボジア……034, 114, 128, 129
義浄……040
季節風……032, 033
北朝鮮……126, 127
北ボルネオ……128
キナバル山……172, 175
金日成……127
金正日……127
キヤイ……075, 135, 145
キャッサバ……085
九段線……126
旧秩序……062
共産党……→インドネシア共産党
強制供出制……049, 050
強制栽培制度……050
協同組合……062
キリスト教徒……138, 147, 179, 180
キリスト受難日……152
キリスト昇天祭……152
金権選挙……071
金融業……083, 084
クアラルンプル……022, 036, 128, 129
クアンタン川……165
9月30日事件……060, 112, 123, 126, 128, 141
グジャラート……143
グス・ドゥル……068, 075, 201
クタイ……039, 175
クタイ族……174
クディリ……160
クディリ王国……041
クパラブルン……193
クパン……178, 181
クラカタウ島……027, 028
グラスベルグ銅鉱山……113, 193
クラトン……153
クリスマス……152
クリンチ山……164, 167
グリンドラ党……073, 074, 075
クルード山……028
クルタナガラ……042
クルタラジャサ……042
クルドゥン……146
クルンクン王国……051
軍隊……051, 069
クンダリ……184, 187
警察……069, 075
ケーニヒスヴァルト, フォン……038
ケニャー族……017
ケリムトゥ山……178, 180
ケン・アロック……041
権威主義……062, 063, 064, 065
建国5原則(パンチャシラ) ……058, 143
建設業……083, 084
原理主義……145
鉱業……063, 078, 082, 083, 084, 085, 088, 113, 118
孔教……→儒教

インドネシア仏教徒代表会議(WALUBI)……151
インドネシア民主党(PDI)……064
インドネシア民族……013, 021, 054
インドネシア連邦共和国……054, 059, 110, 111, 153
インドフード社……091
インドラギリ川……165, 167
ウィスマ・ヌサンタラ・ビル……117
ウィラント……073, 074
ヴォー・ヴァン・キエット……127
ウォーレス線……181
ウォン・チリック……075
雨季……032, 188
ウジュンパンダン……187
ウラマ……136, 144, 145, 201
運輸・通信業……083, 084
英領マラヤ……021, 051, 128
エビ……088
エンデ……178
オーストラリア……026, 032, 034, 091, 093, 095, 096, 097, 110, 164, 181
オーストロネシア語族……017, 038
汚職……065, 066, 071, 072, 074
オビ島……188
オランダ……010, 019, 023, 034, 038, 043, 045, 048, 049, 050, 051, 052, 054, 055, 059, 060, 061, 065, 078, 093, 095, 096, 097, 101, 110, 112, 113, 114, 117, 123, 135, 139, 140, 144, 146, 148, 149, 151, 153, 154, 162, 180, 190, 192, 193, 199
オランダ東インド会社……048, 049, 148
オランダ領東インド……020, 048, 051, 055, 056, 153
オランダ領東インド・プロテスタント教会……148

か

改革主義イスラーム……144
外国投資……061, 063, 092, 093, 112
外国投資法……061, 112, 118
カイ諸島……188
外島……010, 012, 023, 024, 051, 169
外島反乱……060
海南……140
開発5ヵ年計画(Repelita)……062, 082
開発統一党(PPP)……064, 066, 075
開発独裁……062
外来系国民……139
外来東洋人……139
カイリ族……183
華僑……123, 141
ガジャマダ……042, 073, 075, 163, 202
華人……015, 017, 020, 022, 063, 068, 069, 093, 114, 120, 123, 124, 125, 139, 140, 141, 142, 143, 147, 151, 152, 168, 174, 175
華人系インドネシア人……139
華人系企業家……065, 120, 142
華人抑圧政策……120
カトリック……143, 147, 148, 149, 180, 190
カハヤン川……172, 175
カプアス川……106, 172, 173, 175
カフリパン……041
ガヨ族……015
カランゲタン山……183
カリマンタン……006, 007, 008, 012, 015, 017, 022, 023, 034, 039, 042, 047, 051, 073, 128, 131, 144, 147, 150, 151, 153, 155, 172, 173, 174, 175, 176, 177
　北カリマンタン州……008, 130, 175
　中カリマンタン州……008, 172, 175
　西カリマンタン州……008, 106, 131, 152, 155, 172, 174, 175

アディトヤワルマン……044
アブドゥル・ラーマン……128
アブドゥルラフマン・ワヒド……068, 070, 075, 125, 134, 135, 152, 201
アホック……→バスキ・チャハヤ・プルナマ
アメリカ……009, 052, 054, 061, 063, 068, 090, 093, 094, 095, 096, 097, 110, 112, 113, 114, 118, 179, 192, 194
アラス族……015
アラタス……124
アラブ系インドネシア人……139, 142, 143
アラフラ海……193
アリ・サストロアミジョヨ……114
アルカイダ……146
アル(諸島)……188
アロール島……029, 031, 178, 181
アンバラット海……130
アンバラワ……053, 160
アンバルクモ・ホテル……118
アンペラ橋……117
アンボン市……188, 190
アンボン島……013, 029
イエメン……143
イカット……179, 180
イギリス……007, 019, 022, 048, 049, 054, 093, 095, 096, 110, 129, 142, 190
イギリス東インド会社……049
イジュティハード……144
イスカンダル・ムダ……045
イスタナ……153
イスラーム……043, 044, 045, 046, 047, 053, 059, 060, 064, 066, 068, 072, 075, 135, 143, 144, 145, 146, 147, 150, 152, 190
イスラーム・マタラム……046
イスラーム化……045, 046, 047, 144, 146, 174
イスラーム改革主義……050, 066
イスラーム寄宿塾……145
イスラーム急進主義……064
イスラーム教徒……047, 137, 144, 145, 146, 147, 149, 179
イスラーム協力機構……131
イスラーム同盟……053, 054
イスラーム法……143
イスラーム暦新年……152
イドゥル・アドハ……→メッカ巡礼最終日
イドゥル・フィトリ……→断食明け
イバン族……017
イムレック……125, 152
イリアンジャヤ州……192
インスタントラーメン(インスタント麺)……090, 091
インド系インドネシア人……139, 142
インド諸島……019
インドネシア・プロテスタント教会……149
インドネシア協会……054
インドネシア共産党……053, 059, 110, 123
インドネシア共和国……014, 019, 021, 052, 054, 055, 056, 058, 059, 068, 110, 111, 112, 117, 118, 146, 153
インドネシア共和国軍(ABRI)……069, 110
インドネシア共和国暫定憲法(1950年暫定憲法)……059
インドネシア共和国1945年憲法……058
インドネシア語……013, 014, 015, 017, 018, 020, 021, 022, 023, 024, 030, 039, 049, 066, 125, 134, 135, 146, 151, 152, 154, 161, 177, 187, 190, 193, 194
インドネシア国民軍(TNI)……069
インドネシア国民党(PNI)……054, 059
インドネシア債権国会議(IGGI)……061, 112
インドネシア商業会議所(KADIN)……124
インドネシア人看護師・介護福祉士候補者受け入れ事業……122
インドネシア政府事務所(INDOFF)……128

索引

略語

ABRI……→インドネシア共和国軍
APEC……→アジア太平洋経済協力
ASEAN(東南アジア諸国連合)……061, 094, 095, 096, 120, 127, 128, 129, 130, 131
ASEAN経済共同体……094, 130
ASEAN憲章……130
Demokrat……→民主党
DPR……→国会
GBHN……→国策大綱
Golkar……→ゴルカル
IGGI……→インドネシア債権国会議
INDOFF……→インドネシア政府事務所
IS(イスラーム国)……146
KADIN……→インドネシア商業会議所
KNIP……→中央インドネシア国民委員会
KPU……→総選挙委員会
KTP……→住民票カード
MKGR……→互助共済会
MPR……→国民協議会
MPRS……→暫定国民協議会
NICA……→蘭印民政府
NU……→ナフダトゥール・ウラマ
OPEC……→石油輸出国機構
PAN……→国民信託党
PDI……→インドネシア民主党
PDIP……→闘争民主党
PK……→公正党
PKB……→民族覚醒党
PKI……→インドネシア共産党
PKS……→福祉公正党
PNI……→インドネシア国民党
PPP……→開発統一党
PSI……→社会党
Repelita……→開発5ヵ年計画
SBKRI……→国籍証明書
TNI……→インドネシア国民軍
WALUBI……→インドネシア仏教徒代表会議
WTO……→世界貿易機関

あ

アール, G.W.……019
藍……050
アイルランガ……041
アウ山……183
アグン山……177, 178
アサハン……155
アジア・アフリカ首脳会議……115, 116
アジア経済危機……062, 065, 073, 078, 079, 080, 082, 092
アジア太平洋経済協力(APEC)……131
アダット……014
アダム・マリク……200
アチェ……056, 064, 073, 166
アチェ・ダルッサラーム・スルタン王国……045
アチェ王国……045, 048, 051
アチェ族……015, 016, 166
アチェ特別自治州……008, 015, 045, 101, 137, 143, 166, 167, 170, 171

加納啓良（かのう・ひろよし）　東京大学名誉教授。

東京大学経済学部卒業後、10年間アジア経済研究所で中・東部ジャワの現地調査を中心にインドネシア農村経済の研究に従事。その後東京大学東洋文化研究所に転じ、30年以上インドネシアを中心に東南アジアの経済・社会の研究を担当。1993年に立ち上げられた「日本インドネシアNGOネットワーク」（JANNI）の創設にも関わり、現在も運営委員会代表を務めている。1997年から2008年まで東京大学がJICAのプロジェクトとして行なったインドネシア大学日本研究センターへの研究協力にも携わった。

主要著書　『インドネシア農村経済論』（勁草書房、1988年）、『現代インドネシア経済史論』（東京大学出版会、2004年）、『インドネシアを齧る』（めこん、2003年）、『インドネシア検定』（監修、めこん、2010年）、『東大講義　東南アジア近現代史』（めこん、2012年）など。

アジアの基礎知識 3
インドネシアの基礎知識

初版第1刷発行 2017年2月20日

定価2000円＋税

著者	加納啓良©
装丁	菊地信義
発行者	桑原晨
発行	株式会社めこん
	〒113-0033 東京都文京区本郷3-7-1 電話 03-3815-1688　FAX 03-3815-1810 ホームページ　http://www.mekong-publishing.com
組版	字打屋
印刷・製本	株式会社太平印刷社

ISBN978-4-8396-0301-4　C0330　¥2000E　0330-1610301-8347